Einmal Ewigkeit und zurück

Eine Reise ins Leben nach dem Leben

von

Dagmar Freudenstein

Roman

Manuskriptbearbeitung:
Schreib-und Korrekturservice Heinen

ISBN: 9781973126058
Imprint: Independently published

Gewidmet all denen,

die waren,

die sind

und die sein werden.

Das Buch

Serafina und Greta sind Freundinnen seit ihrer jüngsten Kindheit. Als Greta mit Anfang zwanzig innerhalb weniger Wochen infolge einer schweren Krankheit stirbt, bricht für Serafina die Welt zusammen. Noch auf dem Sterbebett verspricht Serafina der Freundin, sie zu suchen und zu finden, egal, was geschehe.

Übermannt von Trauer kann sie dem Leben keine Freude mehr abgewinnen und vergisst ihren Schwur, bis sie unvermittelt eine mysteriöse Nachricht aus dem Jenseits erhält. Serafina wird aus ihrer Trauerstarre aufgerüttelt und beginnt ihre Suche, die sie konfrontieren wird mit einer der ältesten Fragen der Menschheit: Was passiert, wenn wir sterben?

Der Roman verbindet Elemente der Philosophie mit Erkenntnissen der Neurowissenschaften und der Nahtodforschung, um die Frage nach dem Jenseits aus einem neuen Blickwinkel zu durchleuchten.

Die Autorin

Dagmar Freudenstein, 1968 in Kassel geboren und in Bad Homburg aufgewachsen, studierte Politikwissenschaften in Siena (Italien),
Umwelt in Toronto (Kanada) sowie Arbeits- und Organisationspsychologie in Hagen. Sie war beruflich in unterschiedlichen Unternehmen u.a. in der Umweltberatung und für internationale und europäische Organisationen tätig. Sie lebt mit ihrem Mann in Luxemburg.
Die Autorin beschäftigt sich seit zwanzig Jahren mit Psychologie, Philosophie und Neurologie und hat über zehn Jahre ehrenamtlich Krebspatienten betreut.
„Einmal Ewigkeit und zurück" ist ihr erster Roman. Er beruht zum Teil auf eigenem Erlebten.

Prolog

Serafina stand an der Straßenecke, der Kirche schräg gegenüber. In der lauen Luft schwebte ein leichter Blütenduft. Der Frühling hatte gerade Einzug gehalten, und die Sonne wärmte zaghaft die vorbeieilenden Passanten, die sich erstmals nach Wochen des Frostes ihrer schweren Wintermäntel entledigt hatten.

Die Luft in der Kirche war eisig gewesen. Die dicken Mauern isolierten nur zu gut von der Außenwelt, sommers wie winters. Ehemalige Mitschüler waren anwesend, Kommilitonen ihrer Studiengänge, Familienmitglieder und viele Freunde und Bekannte. Alle Trauergäste drängten sich dicht aneinander, in dem Versuch, sich gegenseitig Trost und Wärme zu spenden.

Und dort, vor dem Altar, lag sie, Greta, ihre allerliebste Greta, aufgebahrt, wachsbleich, blutleer. Ihre beste Freundin, ihr Herz und ihre Seele. Fort, für immer. Der Pfarrer hatte in der Totenmesse versucht, das Unfassbare in Worte zu kleiden. Von Geben und

Nehmen hatte er gesprochen, doch gleichzeitig verzweifelt ausgesehen. Als könnte er selbst seinen Worten nicht wirklich Glauben schenken. Gen Himmel hatte er geblickt, den geröteten Augen der Untröstlichen ausweichend. Hatte Er eine Antwort?

Es herrschte klamme Bedrückung und dumpfe Fassungslosigkeit. Am liebsten wäre Serafina ganz weit weg gewesen. Auf einem anderen Planeten, nein, noch besser, in einer anderen Galaxie, fern dieser unergründlichen und widersprüchlichen Welt. Der Schmerz nahm ihr die Luft zum Atmen.

Die Amseln zwitscherten in den Bäumen im Kirchhof. Eine sanfte, warme Brise wehte.

„Was für eine Ungerechtigkeit! An einem sonnigen Tag, so jung, beerdigt zu werden!“, schrie Serafinas Herz, während ihr eine Träne die Wange hinunterlief und kalt in den Halskragen tropfte.

Doch sie erinnerte sich ihres Versprechens, das sie Greta im Hospiz gegeben hatte. Sie würde sie suchen und wiedersehen. Egal, was geschehe.

Die Zeit vor dem Ende

Serafina Morgenrot und Greta Wunderlich kannten sich seit ihrer jüngsten Kindheit. Irgendwann waren Gretas Eltern in das Dorf gezogen, in dem Serafina mit ihrer Mutter lebte.

„Was hast du für einen komischen Namen?“, hatte Greta damals stirnrunzelnd gefragt und damit den etwas ungewöhnlichen Auftakt für ihre langjährige Freundschaft gegeben.

Serafinas Mutter Lea hatte Jiddistik studiert und somit begründeterweise eine Schwäche für alttestamentliche Namen. Er bedeutete irgendetwas mit feurig oder funkelnd, so genau erinnerte sich Serafina nicht, aber letztendlich war es nur ein Ersatz dafür, damit ihre Mutter sie nicht immer „mein Engel“ rufen musste, da ihr Name auch geflügelte Engelswesen beschrieb. Für Serafina selbst bedeutete ihr Name die Verwandtschaft mit einem Namensvetter aus einem Kinderbuch, aus dem ihre Mutter ihr, als sie klein war, häufig vorgelesen hatte:

der kleine Serafin und seine Wundermaschine, ihr ganz persönlicher Held.

Die Freundinnen wohnten in einem kleinen Ort in Mitteldeutschland „aus dem selbst Fuchs und Hase beizeiten ausgewandert waren, um sich nicht mehr allabendlich gute Nacht sagen zu müssen“, wie Serafinas Großmutter scherzhaft zu sagen pflegte. Auch die Ortsnamen der Umgebung waren teils sehr amüsant. Sie hießen Sterbfritz, Linsengericht oder Schlechtenwegen, das Gebirge hieß Knüll, und häufig scherzten Greta und Serafina über diese fantasiereiche Namensvielfalt.

Seit sich Serafina erinnern konnte, arbeitete ihre Mutter als Bibliothekarin in der Stadtbücherei im nächstgrößeren Nachbarort, was wohl mit zu Serafinas Liebe zu Büchern beitrug. Sie wurde ihr sozusagen mit in die Wiege gelegt, oder besser unter die Wiege, da diese mit Serafina als Neugeborene auf einem Stapel antiquarischer Folianten in der kleinen Wohnstube unter dem Fenstersims schaukelte.

Greta hingegen verdankte ihren Namen der Vorliebe der Eltern für Filme der 1930er-Jahre, und dabei

natürlich vor allem der „göttlichen“ Greta Garbo, einer Hollywood-Ikone der damaligen Zeit.
Ihre Schulkameraden nannten die beiden Freundinnen Schneeweißchen und Rosenrot, da Serafina langes blondes Haar und eine leicht sommersprossige Haut hatte, die niemals braun wurde, dafür aber alle Rotschattierungen des Farbspektrums annahm. Greta dagegen hatte kurze schwarze Pudellocken, widerspenstig und unbändig. Auf keinen Fall hätte sie sich ihr Haar wachsen lassen, da sie sonst fürchtete, auszusehen wie der leibhaftige Struwwelpeter. Im Sommer dagegen bräunte sie rasant und wurde im Nu tiefschwarz. Ihre Mutter versuchte häufig (und vergebens), den scheinbaren Schmutzrand mit einem feuchten Schwamm von ihrem Nacken weg zu rubbeln.

Auch charakterlich waren sie sehr unterschiedlich. Greta war forsch und draufgängerisch, manchmal zu schnell und etwas ungestüm. Doch wurde diese Wesensart ausgeglichen durch ein warmes und großzügiges Naturell. Greta war sehr empathisch und litt, wenn Mitmenschen Ungerechtigkeit widerfuhr. Ein halbes Jahr hatte sie keine Nachrichten mehr geschaut, da sie die vielen Bilder des Elends im Schlaf verfolgten und schwermütig stimmten. Als ein Passant in der Fußgängerzone einen Clochard angeraunzt hatte, weil dieser im Eingangsbereich eines Supermarktes bettelte, hatte sie den Mann zur Rede gestellt und verlangt, er solle sich unverzüglich bei dem Obdachlosen entschuldigen.

Der hatte sie nur grimmig angeblickt und gefaucht: „Halt dich da raus!“, und war im Supermarkt hinter den Regalen mit den Gemüsekonserven verschwunden. Tagelang war Greta darüber entrüstet gewesen.

Serafina war eher introvertiert, etwas schüchtern, verträumt und neigte zum Grübeln. Sie beobachtete ihre Umgebung genau und fragte sich beständig, wie die Menschen tickten „oder haben wir doch eher alle einen Tick?“

Vieles schien ihr rätselhaft: das Universum, der Lauf der Welt, die fraglose Hinnahme der Wirklichkeit, mysteriöse Phänomene, von niemandem erforscht, die dennoch manifest auf Erden waren, und einfachheitshalber als unerklärlich definiert und *ad acta* gelegt wurden. Oder aber manchmal zur Heiligsprechung des einen oder anderen Urhebers unglaublicher Taten führte, nach sorgfältiger Prüfung versteht sich, da ein nachweisbares Wunder bei fehlendem Märtyrertum erforderlich zur Erreichung des höchsten kirchlichen Ehrengrades war.

Gemeinsam hatten Greta und Serafina den Kindergarten besucht, danach die Grund- und weiterführende Schule. Da Serafina keine Geschwister hatte, war Greta ihr zur Schwester geworden. Greta hatte einen fünf Jahre jüngeren Bruder, Philipp, den alle nur Phil nannten, mit dem sie immer um das Vanilleeis zum Nachtisch kämpfte, aber sonst recht wenig gemein hatte.

Gretas Mutter Mira war in der Ortschaft Hausärztin geworden, nachdem Dr. Gunter in den Ruhestand getreten war, während Gretas Vater Theo den Beruf des Geigenbauers ausübte. Häufig verbrachten die beiden Mädchen Zeit bei ihm in der Werkstatt. Sie liebten den Geruch des Holzes und die Metamorphose der werdenden Instrumente, die bis zu drei Monaten und länger dauerte. Gretas Vater war sehr stolz auf sein Handwerk und widmete sich seiner Kunst mit viel Hingabe. Manchmal streichelte er sanft das warme, anschmiegsame Holz der Geigen und sagte, er spreche auch mit ihnen wie die Mutter mit dem Kind.

Greta und Serafina teilten drei Leidenschaften: Tiere, Natur und Bücher. Greta beschloss daher schon sehr früh, Tierärztin zu werden. Am liebsten für Großwild, nachdem ihre Eltern zum 18. Geburtstag eine Safari mit ihr unternommen hatten. Das Erlebnis des Sonnenaufgangs in der kenianischen Masai Mara, mit den Strömen wandernder Tierherden von Tausenden von Gnus, Zebras und Büffeln würde sie ein Leben lang begleiten. Greta hatte unendliches Mitleid mit Tieren und beschloss bereits mit elf Jahren, kein Fleisch mehr zu essen, nachdem ein Fernsehbericht über die Massentierhaltung sie wie so häufig zutiefst getroffen hatte.

Um diese drei Vorlieben vereinen zu können, liehen sich die beiden als Kinder stapelweise Lesestoff aus, den sie sich dann im Frühling und Sommer im Gras liegend, nahe den Kuhweiden, unweit der Wohnsiedlung am Stadtrand gegenseitig vorlasen. Ab und zu spielten sie ihre Lieblingshelden nach, Aragorn, den Waldläufer, bedeckt mit Ästen und Laub und ausgestattet mit elastischen Weidenruten zum Ausfechten der Duelle zur Rettung der Welt oder im Kampf gegen Ungeheuer und andere Unbill.

Manchmal lagen sie auch nur auf der Wiese nebeneinander und blickten gen Himmel dem Weg der weißen Wolken nach; die betörende, wabernde Sommerluft einatmend, träumend von einer fernen, magischen Zukunft. Bienen umsummten die zahlreichen Blüten neben ihren Köpfen, und der Friede war perfekt bis zum nächsten Ameisenbiss.

Dann sprangen sie auf und liefen lachend und atemlos heimwärts, preschten durch Gestrüpp, über Stock und Stein, stolpernd vor Heiterkeit nach Hause in den dritten Stock, in Sicherheit.

„Nicht wahr, wir werden immer zusammenhalten?“, fragte Serafina.

„Immer und ewiglich“, scherzte Greta zur Antwort. „Ritters Ehrenwort! Und wir werden gemeinsam per Anhalter durch die Galaxis fliegen! Wo bitte bleibt der Babelfisch?“

Nach dem Abitur trennten sich ihre Wege, zumindest räumlich. Greta begann ihr Studium der Tiermedizin in Gießen und Serafina das der Philosophie in Marburg, da sie hoffte, dadurch den Dingen besser auf den Grund gehen zu können. Ihr Traum war es, einen Master an der Universität Oxford zu machen, doch nach dem britischen Ausstieg aus der EU wusste sie nicht, ob sich der Traum bewahrheiten würde.

Tagsüber sandten sie sich unzählige WhatsApp-Nachrichten, Fotos und kurze Filme und teilten dadurch beinahe in Direktzeit ihre beider Leben miteinander. Abends skypten sie regelmäßig. Es gab immer reichlich zu erzählen und zu lachen, über die Uni, die Professoren, interessante Leute, die man kennengelernt hatte, vor allem jetzt, wo sie nicht mehr ständig zusammenhingen.

Im dritten Semester, Greta und Serafina steckten gerade beide mitten im Examensstress und hatten eine

Unmenge von Studienmaterial zu verdauen, klingelte Serafinas Handy.

Es war der sechste Januar, Dreikönigstag. Serafina war zu Hause in ihrer WG, die sie mit zwei Kommilitonen teilte, und hatte sich gerade einen Tee zubereitet. Dabei las sie wie immer das kurze Zitat auf dem Etikett des Teebeutels, häufig eine Quelle für einen flüchtigen Moment der Inspiration im drögen Alltag: „Mache dir selbst und anderen Mut."

Es war Greta. „Hallo Fina, hör mal, hast du gerade einen Moment Zeit?"

„Klar doch, wo brennt die Socke?"

„Du wirst es nicht glauben. Ich kann es selbst kaum fassen. Ich bekam gerade einen Anruf von dem Neurologen, bei dem ich gestern zur Untersuchung war. Du weißt doch, meine Mutter wollte unbedingt, dass ich sofort gehe, da mir in den letzten Tagen häufig übel und schwindelig war. Der Arzt sagte mir, ich hätte ...", ihre Stimme stockte, „... ich hätte einen Gehirntumor ... und müsste unverzüglich operiert werden. Gleich morgen muss ich zur Terminbesprechung."

„Nein! Das ist ja unmöglich!“, rief Serafina bestürzt. „Ich bin total geschockt, als wäre ich gegen eine Wand gelaufen. Kannst du mich morgen begleiten? Meine Eltern kommen auch. Ich habe fürchterliche Angst“, erwiderte Greta. An der Stille merkte Serafina, dass die Freundin mit den Tränen kämpfte.

„Ganz sicher, ich werde da sein. Es ist sicher alles nur halb so wild. Bitte erzähle mir mehr.“

„Ich fühlte mich in den letzten Tagen nicht sonderlich. Deshalb habe ich mich so wenig bei dir gemeldet. Ehrlich gesagt ging es mir richtig beschissen. Nachts und morgens wachte ich oft auf mit starken Kopfschmerzen, und mir war mehrmals richtig übel. Dann konnte ich am Dienstag, als ich im Bus fuhr, meine linke Hand nicht richtig bewegen, und schwindelig war mir obendrein. Als ich meiner Mutter davon erzählte, hat sie sofort eine Computer-Tomographie im Krankenhaus gebucht. Heute kam die Rückmeldung des Neurologen. Ich bin fassungslos.“ „Komm, das wird schon wieder“, versuchte Serafina, die Freundin zu trösten. „Vielleicht haben die sich auch geirrt. Das hört man doch immer wieder, dass Ärzte einen Fehler machen."

„Ich hoffe es inständig", sagte Greta mit zitternder Stimme.

Sie verabredeten sich für den nächsten Tag um acht Uhr dreißig am Eingang der Uniklinik.

Serafina dachte: „Mache dir selbst und anderen Mut", und sank völlig ermattet auf den Küchenstuhl. Sie war wie gelähmt vor Schreck.

Das Gespräch mit dem Arzt am nächsten Morgen war ernst. Die vier saßen ihm bleich und angespannt am Schreibtisch gegenüber.

Er erklärte, es handele sich um ein Glioblastom, Tumorgrad IV, bösartig. Meistens treffe es Patienten zwischen 45 und 70 Jahren, mehr Männer als Frauen, aber auch jüngere Menschen könnten daran erkranken. Die Operation wurde umgehend für den nächsten Tag angesetzt.

„Die Zeit drängt", sagte der Arzt.

Die folgenden Wochen vergingen in einer Art Schwebezustand, zwischen Hoffen und Bangen. Die erste Operation verlief den Umständen entsprechend ohne Entwarnung. Der Tumor wuchs schnell. Die zweite und dritte Operation dagegen gaben kaum mehr Anlass zur Hoffnung. Serafina sprach mit ihren Freunden über das Leid ihrer besten Freundin. Sie musste einfach ihre Sorge teilen, die Bürde war zu schwer für sie. Sie war überrascht zu erfahren, dass ausnahmslos alle ihre Bekannten auf die eine oder andere Weise mit Krebs in Berührung gekommen waren. Zum Glück war die Krankheit heutzutage in den meisten Fällen gut heilbar – in den meisten Fällen. Nur Gretas Schicksal lag im Dunkeln. Warum bloß? Es war eine himmelschreiende Ungerechtigkeit!

Greta teilte sich zu Beginn ein Krankenzimmer mit einer anderen Patientin, einer alten Dame, die gefühlte 1000 Jahre alt war, derart zerbrechlich und runzelig sah sie aus, ähnlich einem Jahrhunderte alten Olivenbaum. Ihr Geist jedoch war hellwach und ab und zu erzählte sie etwas aus ihrem Leben.

„Mein Sohn kommt nur selten zu Besuch. Krankenhäuser sind ihm nicht geheuer, und die Vorstellung, einmal sterben zu müssen, ist ihm ein

Gräuel.“ Sie lachte leise. „Dabei gibt es nichts Natürlicheres auf dieser Welt als das Kommen und Gehen, das Blühen und Vergehen. Ich hatte ein langes, häufig entbehrungsreiches Leben. Der Zweite Weltkrieg war fürchterlich. Mein Erstgeborener ist nicht aus Russland zurückgekehrt, und mein Mann war lange in Gefangenschaft. Doch danach war alles gut.“

Serafina und Greta unterhielten sich ab und zu mit ihr, soweit Greta noch die Kraft hatte, und fragten, wie sie ihr Leben sähe, nun, nach all den Jahren.

„Es war trotz allem ein gutes Leben, ich bin dankbar dafür. Erstaunlich ist, wie schnell alles vorbei ging. Als wäre ich einmal kurz ans Fenster getreten und hätte einen flüchtigen Blick auf die Welt geworfen. Und dann ist man sprichwörtlich ganz schnell wieder weg vom Fenster.“ Sie lachte und versank darauf ein paar Minuten in Schweigen.

„Ich fühle mich immer noch jung im Herzen, doch mein Körper will nicht mehr so recht. Rückblickend denke ich, dass wir selbst Herr unseres Schicksals sind. Nicht, weil wir die Dinge, die uns zustoßen, immer beeinflussen können, oh nein, ganz und gar nicht. Sondern eher, weil wir durch unsere persönliche Einstellung dem Geschehenen Sinn zu geben in der Lage sind. Und es ist ganz erstaunlich, rückblickend ergibt vieles tatsächlich einen Sinn, obwohl es mir im Moment des Geschehens oft Kopfzerbrechen bereitete."

Ihre heiteren tiefblauen Augen schauten die beiden jungen Frauen mitfühlend an.

„Es tut mir leid, dass es Ihnen so schlecht geht", sagte sie zu Greta gewandt. „Ich wünsche Ihnen gute Besserung. Sie sind ja noch jung!"

Zwei Tage später holte ihr Sohn sie zu sich nach Hause. Er wollte, dass seine Mutter im Kreise ihrer Lieben blieb, nun, da sie gebrechlich war und er selbst keine Krankenhäuser betreten mochte.

Anfang Februar wurde Greta auf Wunsch der Familie in ein Hospiz verlegt. Serafina versank in Niedergeschlagenheit. Hospiz war gleichbedeutend mit Endstation, wie sie später erfuhr.

„Greta, versprich mir, dass du mich niemals alleine lässt", bat Serafina die Freundin eines Nachmittags.

Es war bereits Mitte Februar, und die Tage waren noch kurz und dunkel. Gretas Zustand hatte sich rapide verschlechtert. Sie war sehr geschwächt und döste meistens vor sich hin.

„Egal, was passiert. Bitte sende mir ein Zeichen, sodass ich weiß, dass es dir gut geht. Ich werde alles daran setzen, dich wiederzusehen, ich schwöre es dir!"

Greta nickte kaum merklich und drückte leicht Serafinas Hand. Dann schloss sie erneut die Augen, während Serafina weiterhin ihre Hand umklammert hielt.

„Ich verspreche es", flüsterte sie.

Häufig bewegten sich Gretas Lippen, als spräche sie lautlos mit anderen, unsichtbaren Besuchern, die ihr Krankenlager umringten. Dann seufzte sie und schlief wieder ein. Ihr Atem wurde sichtlich flacher. Dank der Medikamente spürte sie keine Schmerzen. Ihre Familie wechselte sich ab, damit immer jemand bei ihr war.

Dann, eines Abends, ihr Vater war soeben gegangen und ihre Mutter auf dem Weg zum Hospiz, entschied

Greta, zu scheiden. Sie wählte den Moment aus, als sie allein im Zimmer und keiner ihrer Lieben anwesend war, um sie zurückzuhalten. Es war ein stiller Abschied und ihr abgehärmtes Gesicht entspannte sich. Friedlich sah sie nun aus, beinahe heiter; die Spuren des vorangegangenen Leidens aus ihrem Antlitz getilgt.

Am nächsten Morgen standen die nächsten Hinterbliebenen leise murmelnd an ihrem Bett. Sie trauten sich kaum, das Gesicht Gretas zu betrachten, so leer und unvertraut kam es ihnen vor. Gretas Mutter und Vater saßen auf den Stühlen neben dem Bett, jeder für sich, und starrten verlorenen Blickes ins Nichts. Phil, Gretas Bruders, stand in der Zimmerecke und drehte mechanisch sein Smartphone in den Händen.

Die Pfleger hatten Kerzen angezündet und das Zimmer leicht verdunkelt. Sie ließen den Angehörigen Zeit und Raum zum Abschiednehmen. Es war alles viel zu schnell gegangen. Niemand konnte das Unbegreifliche fassen: In wenigen Wochen hatte sich ihre aller Welt für immer verändert. Ein liebes Wesen war unwiederbringlich von ihnen gegangen und hatte sie rat- und hilflos allein gelassen. Zurück blieb nur ein tauber Schmerz und gähnende Leere.

Die Suche beginnt

Der März begann regnerisch und unbeständig. Nur selten schien die Sonne und häufig mischten sich noch Schneeflocken in die Regenschauer. Morgens hing oft ein schwerer Nebel über der Stadt, und Serafina lag mit bleischweren Gliedern im Bett und wäre am liebsten nie wieder aufgestanden. Eine nicht enden wollende Müdigkeit lastete auf ihr und drückte ihr aufs Gemüt und die Sinne. Nach Gretas Tod war sie wie versteinert und konnte nur schwer irgendwelche Pläne machen. Selbst der tägliche Einkauf war ihr eine Last. Antriebslos schleppte sie sich zu zwei, drei Vorlesungen die Woche. Ihre Mutter hatte ihr geraten, trotz allem mit dem Studium weiterzumachen, schon allein wegen der Gesellschaft und Ablenkung.

„Das bringt dich auf andere Gedanken nach den letzten Monaten. Und vielleicht hilft es dir, die Apathie zu überwinden."

Descartes, Kierkegaard, Nietzsche ... Serafina hatte nur noch eine brennende Frage, die einzige, die keiner dieser Denker zu ihrer Zufriedenheit beantwortet hatte. „Was passiert, wenn wir sterben? Wohin gehen wir? Und, wo wir schon einmal dabei sind: Woher kommen wir und warum leben wir?“

Es schien ihr ungeheuerlich, dass seit dem Homo Sapiens mehr als 100 Milliarden Menschen auf der Erde gelebt, geliebt, gekämpft und gestorben waren, ohne diese Fragen jemals angemessen durchleuchtet zu haben, unerhört! Je mehr sie sich darüber den Kopf zerbrach, desto deprimierter wurde sie. Am Freitag blieb sie ganz im Bett. Es hatte doch sowieso alles keinen Sinn.

„Warum Brot und Butter kaufen, wenn wir Menschen doch keinen Schimmer haben?“ Der Appetit war ihr eh vergangen.

Plötzlich vibrierte Serafinas Handy. Sie hatte eine Nachricht erhalten. Lustlos griff sie unter der Daunendecke nach ihrem Telefon auf dem Nachttisch. Da erschien Gretas Foto und ihre Handynummer auf dem Display, wie immer, wenn sie sich Kurznachrichten zusandten.

„Hallo Fina! Mir geht es gut. Gib deine Suche nicht auf! LG, Deine Greta."

Die Nachricht stammte tatsächlich von Greta.

„Greta? Nein, unmöglich, Greta ist tot!", dachte Serafina. „Da muss sich jemand einen schlechten Scherz erlauben. So eine Sauerei!", wetterte Serafina aufgebracht.

Sie hatte Gretas Nummer und alle früheren Nachrichten noch gespeichert und hatte auch nicht vor, diese in der nächsten Zeit zu löschen. Häufig las sie ihre damaligen SMS wieder, genauso wie auch frühere Postkarten, zum Beispiel die aus Kenia mit dem wunderschönen Giraffenporträt, auf dem sie ein großes braunes Augenpaar unter langen Wimpern sanft anblickte. Doch sie erinnerte sich genau, dass Phil Gretas Handy abgemeldet hatte und auch alle anderen Anmeldungen in den verschiedenen sozialen Netzen und Blogs beendet hatte.

Phil sagte, als er sich darum kümmerte, es sei, als würde er seine Schwester erneut zu Grabe tragen, immer und immer wieder. Der Ärmste. Für Gretas Familie war die Zeit ebenfalls unsagbar schwer.

„Wenn jemand so lapidar sagt, die Zeit heilt alle Wunden, hat er sich jemals Gedanken darüber gemacht, von welcher Zeitdimension er eigentlich spricht? Ja, vielleicht tut sie das, sie heilt, aber in Äonen, und die Narben bleiben für immer."

Doch dann kehrten ihre Gedanken zurück zu ihrem Handy. Da war nun diese SMS.

„Wie komisch ..."

Sie las die Nachricht erneut: „Gib deine Suche nicht auf." Serafina war wie vom Donner gerührt. Ja, sie erinnerte sich genau! An die letzten Tage im Hospiz und an die Beerdigung. Greta hatte ihr versprochen, ihr eine Nachricht zu senden, und Serafina hatte ihr versprochen, nach ihr zu suchen, doch dann war alles grau und hoffnungslos geworden; Serafina aller Kraft beraubt und nur noch vor sich hin vegetierend, taub, gefühllos, gefangen in einer dicken, erstickenden Nebelschwade.

Sie dachte daran, dass Greta sie immer erinnert hatte, wenn Termine anstanden oder sie irgendwo eingeladen waren, da sie wusste, dass Serafina leicht zerstreut war und auch eine eher lockere Beziehung im Umgang mit der Zeit hatte. Einmal hatte sie ihr eine lustige Postkarte mit einer großen Stoppuhr geschenkt, auf der stand: „Wer zu spät kommt, der muss nicht warten." Darum war diese SMS ganz im Sinne von Greta. Dazu nagte eine innere Stimme an ihr und drängte: „Tue etwas! Liege nicht faul herum! Du lebst, also lebe!"

Worauf wartete sie noch? Sie hatte eine Nachricht von Greta erhalten. Auf mehr konnte sie wirklich nicht hoffen. Das allein war doch bereits ganz außerordentlich! Mit diesem Gedanken sprang sie aus dem Bett, sich selbst scheltend wegen ihrer Antriebslosigkeit und Passivität. Noch heute würde sie die Suche nach Greta beginnen!

Sie kochte sich eine duftende Tasse Kaffee, kramte ihren Laptop aus der Unitasche und setzte sich an den weiß lackierten Küchentisch. Dann überlegte sie angestrengt, wie sie weiter vorgehen könnte. Sie zog Parallelen zu ihrem Studium. Wann immer sie eine kniffelige philosophische Frage lösen musste, machte sie einen Plan. So wollte sie auch nun vorgehen. Zuerst ging sie im Geiste die Personen durch, die ihr bei der Suche helfen könnten, Greta wiederzufinden. Es müsste jemand sein, der sich mit dem Tod und dem Mysteriösen auskannte. Ein Medium! Bingo! Serafina würde zuallererst ein Medium in ihrer Nähe aufsuchen. Danach, je nach Ergebnis, würde sie weitersehen. Doch vorab wollte sie im Internet recherchieren.

Sie gab in die Suchmaschine ein: das Leben nach dem Tod. 2.610.000 Eintragungen! Da gab es Artikel über Mode. „Vielleicht kommt daher der Ausdruck todschick?", viel Religiöses, Skandalöses aus der Regenbogenpresse, medizinisches, esoterisches, außerdem massenhaft Youtube-Videos, in der Tat eine ganz erstaunliche Vielfalt. Sie versuchte dasselbe noch einmal auf Englisch, und da waren es dann sage und schreibe 4.750.000 Einträge!

Sie musste wohl ihre Anfrage ein bisschen einschränken, wenn sie noch in diesem Leben zu einem Ergebnis kommen wollte. Serafina stöberte ein wenig in den verschiedenen Artikeln, um sich ein erstes Bild zu machen. Es war ganz unglaublich, welche Unmenge an Material es zu dem Thema gab.

Am Nachmittag hatte Serafina eine Webseite zu einem Medium in Marburg gefunden. Die Seite war schlicht und unaufdringlich und machte einen seriösen Eindruck. Man sah ein Foto der medialen Lebensberaterin, so wie sie sich offiziell nannte. Sie war eine sympathisch aussehende Dame namens Veronika Maiblume und erzählte auf ihrer Seite kurz über ihren Werdegang. Dazu gab es eine Liste von Terminen für Gruppen oder Einzelsitzungen. Da der nächstmögliche Termin bereits am kommenden Freitagabend war und auch die Kosten der Teilnahme nicht Serafinas Budget sprengen würden, beschloss sie, sich für eine Gruppensitzung anzumelden.

In der Zwischenzeit bestellte sie einige Bücher, die sie lesen wollte, und sah sich verschiedene Videos zu dem Thema an. Sie fühlte, wie ihre Lebenskraft wieder zurückkehrte, nun, da sie eine neue Aufgabe hatte. Auch die Vorlesungen besuchte sie wieder regelmäßig.

Dabei testete sie vorsichtig bei ihren Bekannten, welche Meinungen diese zu Medien und Kontakten zu Verstorbenen hatten. Florian, ein angehender

Chemiker, der gerade zu Besuch war bei seinem Freund Omar, ihrem Mitbewohner, lehnte diese Dinge völlig ab.
„Mit so einem Unsinn solltest du dich wirklich nicht befassen“, meinte er rechthaberisch. „Das ist doch nur etwas für komplett Durchgeknallte, und Zeitverschwendung obendrein. Alles, was diese sogenannten Medien sagen, ist purer Hokuspokus mit dem sie verzweifelten, ratsuchenden Menschen Illusionen andrehen!“
Omar, ihr aus Ägypten stammender Hausgenosse, sah die Dinge gelassener. Omar war mit fünf Jahren nach Deutschland gekommen, da seine Eltern als obwohl nicht praktizierende, koptische Christen in Ägypten keine Zukunft für sich sahen. Er war in Karlsruhe aufgewachsen und studierte Physik. Sein Plan war es, Astrophysiker zu werden, und darum hatte er vor, nach Beendigung des Bachelors nach Bonn zu gehen, um dort seinen Master zu machen.
Zwischendurch verschwand er immer mal wieder für ein Semester, um als Tauchlehrer in Australien oder

an sonstigen schönen Stränden zu jobben. Darum zog sich sein Studium auch etwas in die Länge.

„Ich weiß nicht, was ich dir empfehlen soll. Es gibt in der Tat viele Dinge, die wir noch nicht wissenschaftlich erklären können, die aber nichtsdestotrotz existieren. Und ... es gibt nichts, was gegen die Gesetze der Physik verstößt. Sollte dieser Anschein wider Erwarten entstehen, dann sind unsere Gesetze eben noch nicht ausgereift genug. Mache einfach, wonach dir der Sinn steht, und folge deinem Bauchgefühl. Es wird dich schon nicht wegbeamen, dein Medium. Falls doch, kann ich dich unter Umständen mit dem Superteleskop ALMA aus der chilenischen Atacama-Wüste im Raumzeitvakuum aufspüren!“, sagte er lachend.

Die Zeit bis zu dem Termin verging wie im Fluge. Am Freitagnachmittag nahm sie den Bus zu der im Internet angegebenen Adresse und klingelte zaghaft an der Haustür bei Maiblume. Im selben Moment kam noch ein weiterer Besucher hinzu. Ein hochgewachsener, grauhaariger Herr Ende sechzig, mit Hut und Schnurrbart. Er ähnelte ein bisschen Paul

Newman in seiner Rolle als Henry Gondorff in dem Film „Der Clou". Als sich die Tür öffnete, trat er mit ein, da er auf Serafinas Nachfrage auch zu Frau Maiblume wollte. Das Gebäude stammte aus der Jugendstilzeit. Das Treppenhaus war sehr großzügig angelegt und bestand sowohl aus einer breiten weißen Marmortreppe als auch einem altmodischen Aufzug, der aussah wie ein eleganter, vergoldeter Käfig und der mit zwei schmalen Ledersitzbänken und einer schmiedeeisernen, floral reich verzierten, zweiflügeligen Tür ausgestattet war. Die beiden Besucher beschlossen, sich eine Aufzugfahrt in einem so eleganten Lift nicht entgehen zu lassen, und setzten sich einander gegenüber. Dabei mussten sie beide lachen.

Im vierten Stock stiegen sie aus und betraten die Wohnung von Frau Maiblume durch die weit offen stehende Eingangstür. Es war eine helle, lichtdurchflutete Dachwohnung, welche die letzten Sonnenstrahlen der Abendsonne einfing. Sie nahmen Platz in der Mansarde auf den bereitgestellten, kreisförmig angeordneten Stühlen, sodass jeder jeden sehen konnte. Auf den Stühlen lagen bunte, unterschiedlich farbige Patchwork-Kissen, die den heimeligen Eindruck des Wohnzimmers noch erhöhten. Die Mitte des Kreises war gewollt unverstellt und ohne Möbelstücke.

Auf den Stühlen saßen bereits drei weitere Teilnehmer: eine junge Frau um die dreißig, mit auffallend großen braunen Augen und langem, dunklem Haar, eine asiatisch aussehende Dame, deren Alter schwer einzuschätzen war, sowie ein Herr Mitte fünfzig mit Glatze, der unruhig auf seinem Stuhl herumrutschte. Alle grüßten einander mit neugierigen Blicken.

Dann betrat Frau Maiblume das Zimmer mit einem Tablett voller dampfender Teetassen. Es duftete nach Zimt und Nelken. Serafina war überrascht, wie normal Frau Maiblume auch im wirklichen Leben aussah, da sie nur ihr Foto auf der Webseite gesehen hatte, woraufhin sie schmunzeln musste, da sie wohl kaum eine Frau mit krummer Nase und Hexenhut erwartet hatte. Gleichzeitig wunderte sie sich über sich selbst, wie tief sie doch gewisse Bilder verinnerlicht hatte, obgleich sie sich eigentlich als eher unvoreingenommen einschätzte. Frau Maiblume war eine einnehmende Frau mittleren Alters mit kurzem, dunkelblondem Haar und einer markanten lilafarbenen Brille.

Sie reichte allen Teilnehmern eine Tasse Tee und begrüßte sie dabei freundlich. „Falls dies das erste Mal ist, dass Sie ein Medium aufsuchen, möchte ich Ihnen gerne zuerst etwas über mich erzählen, bevor wir mit der Sitzung beginnen. Ich habe vor 24 Jahren meinen Bruder bei einem tragischen Autounfall verloren. In Folge erschien er mir jede Nacht im Traum.

Die Sache wurde so unerträglich, dass ich mich entschloss, ein Medium zurate zu ziehen. Das Medium übermittelte mir, dass mein Bruder mir unbedingt mitteilen wolle, dass er eine Freundin habe, die ihr gemeinsames Kind erwarte. Da er so plötzlich aus dem Leben gerissen worden sei, habe er keine Gelegenheit mehr gehabt, mir von der Freundin zu erzählen. Diese stamme aus einer erzkonservativen Familie und brauche unbedingt Beistand und

Unterstützung in dieser schwierigen Zeit. Mit gemeinsamer Kraft haben wir diese Monate dann gemeistert. Ihr Sohn trägt den Namen meines Bruders. Er ist jetzt bereits ein junger Mann, der auf eigenen Beinen steht.

Später habe ich selbst eine Ausbildung zum Medium gemacht. Es handelt sich dabei um eine sehr rigorose Lehre mit Prüfungen durch andere, erfahrene Medien. Ich lebte und studierte drei Jahre in England, wo ich das Arthur Findlay College in Essex besuchte. Seit dieser Zeit habe ich meinen ursprünglichen Beruf als Floristin aufgegeben und widme mich gänzlich den Jenseitskontakten. Es besteht in der Tat eine große Nachfrage, die in den letzten Jahren noch zugenommen hat.

Nun werden Sie sich fragen: Wie kommt dieser Kontakt zustande? Es ist wirklich nichts Außergewöhnliches. Jeder Mensch besteht aus Energie, oder nennen Sie es Bewusstsein, die während des Lebens im Körper fließt und uns lebendig macht. Haben Sie jemals einen Verstorbenen gesehen? Dann wissen Sie, wie bleich und vor allem leer wir nach unserem Ableben aussehen, ähnlich eines Kokons, aus dem die Schmetterlingslarve geschlüpft ist. Unsere Gesichtshaut wird grau, der gesamte Körper wird beigefarben, und zurück bleibt eine leblose Hülle.

Diese Lebensenergie jedoch geht niemals verloren, sondern verlässt unseren Körper, um sich in anderen Daseinsebenen wieder zu manifestieren. Man könnte dabei auch von anderen Energieschichten sprechen. Wenn man bedenkt, dass es nach vorsichtigen Schätzungen der heutigen Wissenschaft mehr als zwei Billionen Galaxien gibt, dann ist die Existenz von unterschiedlichen Seinsebenen vielleicht auch für den Skeptiker nicht mehr völlig abwegig.

Aber ich weiche ab vom Grunde Ihres heutigen Besuches. Den Kontakt, der hergestellt wird, kann man sich ähnlich einer Radiofrequenz vorstellen. Ich stelle den Sender, das heißt meine Sinne, auf Empfang und kann dadurch Nachrichten und Botschaften erhalten und übertragen. Meistens in Form von mentalen Bildern und Gefühlen. Ich bin sozusagen eine Dolmetscherin. Das hat nichts mit

Zauberei zu tun. Die meisten Menschen haben diese Fähigkeit, manche mehr, manche weniger.
Diese Feineinstellung funktioniert auch unter Lebenden, d. h. unter Menschen, die auf derselben Energiefrequenz weilen. Kennen Sie diese Erfahrung: Sie denken an einen Bekannten und genau in diesem Moment klingelt das Telefon, und eben dieser Freund ruft Sie an? Nun, das ist es, was ich meine. Man kann diese Fähigkeit trainieren wie das Klavierspielen oder andere Talente. Bitte lassen Sie uns nun beginnen.
Zuerst werde ich Ihnen die verstorbene Person, die sich mit mir in Verbindung setzt, vorstellen und Ihnen einige ureigene Eigenschaften derselben nennen. Es kann sonst leicht passieren, dass Sie mit dem Falschen sprechen, um Himmels willen!“, sagte sie lachend. „Also, ich werde Ihnen Dinge wie Todesursache, Geburtsdatum, Lieblingsspeise oder das Aussehen des Jenseitskontaktes beschreiben.
Ich werde dazu den Verstorbenen befragen bzw. sein Äußeres beschreiben und bitte Sie alle, die Person zu identifizieren. Überlegen Sie, ob in Ihrem Verwandten- oder Bekanntenkreis jemand dem

Verstorbenen ähnelt, der an mich herantritt. Danach werde ich Ihnen übermitteln, was die Person Ihnen persönlich mitteilen möchte."

Die Sitzung begann. Das Medium setzte sich entspannt auf dem Stuhl zurecht und schloss einige Minuten die Augen, um sich besser zu konzentrieren.

„Also, ich habe hier einen Herrn im schwarzen Anzug mit einer roten Nelke im Knopfloch. Er sieht sehr elegant aus. Er sagt, er sei plötzlich nach einem Herzinfarkt verstorben und habe eine Tochter." Sie öffnete die Augen und blickte in die Runde. „Ist irgendjemandem diese Person bekannt?", fragte sie forschend.

„Ja!", rief die junge Frau voller Unglaube und Erstaunen, und ihre großen braunen Augen schienen noch größer zu werden. „Ja, das ist mein Vater, wie er leibt und lebt, ganz zweifelsfrei. Er war sehr distinguiert und trug immer dunkle Anzüge und eine Nelke im Knopfloch."

„Er möchte Ihnen mitteilen, dass es ihm gut geht und dass Sie sich keine Vorwürfe machen müssen, er ist

Ihnen nicht böse und wünscht Ihnen, Ihr Leben so weiterzuleben, wie Sie es möchten."

Die junge Frau kämpfte mit Tränen der Erleichterung. Den Umsitzenden erklärte sie, dass sie kurz vor dem Tod ihres Vaters gestritten hatten, da er nicht wollte, dass sie ihr Studium vorzeitig abbrach, um einen jungen Inder zu heiraten und mit ihm nach Neu Delhi zu ziehen. Dann war er überraschend gestorben, und sie hatte immer mit sich gehadert, im Streit auseinandergegangen zu sein. Sie war so unsagbar erleichtert und glücklich, auch weil die Entscheidung rückblickend richtig gewesen war und sie ein erfülltes Leben führte. Sie dankte Frau Maiblume und bat sie, ihrem Vater auch all ihre Liebe zu übermitteln.

Daraufhin konzentrierte sich Frau Maiblume abermals. Einige Minuten verstrichen. Dann sagte sie: „Ich habe hier eine ältere Dame. Sie hat grau meliertes, glattes Haar und sagt, sie stamme aus Japan. Sie sei im Alter von 77 Jahren in Kyoto friedlich bei sich zu Hause verstorben. Sie sagt, sie sei im Jahr des Tigers geboren und liebe das Mondfest Tsukimi. In Kyoto wäre ihr Lieblingsort der

Sento-Palast, besonders seine schönen Gärten. Ist Ihnen diese Person bekannt?“

Schüchtern hob die asiatisch aussehende Dame die Hand. „Ja, das muss meine Großmutter sein! Auf sie passt diese Beschreibung genau. Als ich ein kleines Mädchen war, hat sie mich immer mit zu dem Mondfest genommen, und in den Gärten sind wir häufig spazieren gegangen.“ Ihr Gesicht strahlte und sie klatschte vor Aufregung in die Hände. „Könnten Sie sie bitte fragen, welchen Ratschlag sie mir geben kann? Ich stehe vor einer enorm wichtigen beruflichen Entscheidung und bin hin- und hergerissen, ob ich in Europa bleiben oder nach Japan zurückkehren soll.“ Frau Maiblume übermittelte die Frage und antwortete dann bedächtig: „Ihre Großmutter bittet mich, Ihnen Folgendes auszurichten. Es ist ein Haiku von Yosa Buson, der in Kyoto beerdigt ist:

Aus dem Westen wehend,
sammeln sich
gefallene Blätter im Osten.“

Die Anwesenden verharrten eine Zeit lang in Stille, der Bedeutung des Gedichtes nachhängend. Die junge Japanerin dankte Frau Maiblume mit geröteten Augen. Sie würde ihre Entscheidung im Licht dieser Nachricht treffen.
Frau Maiblume konzentrierte sich erneut. Diesmal hatte sie sofort einen Kontakt hergestellt. „Es ist eine ältere Dame mit Strohhut. Sie sagt, sie sei im Alter von 88 Jahren in einem Wohnheim in Hamburg verstorben. Sie hatte einen Hund, einen Labrador. Er hieß Linus."
Der Herr aus dem Aufzug rief sogleich erfreut: „Ja, ich kenne diese Dame, es ist ganz offensichtlich meine Mutter. Linus lebt weiterhin bei mir."
„Sie möchte Ihnen ausrichten, dass sie froh ist, dass sie damals noch auf der Erde geblieben sind. Es gibt noch viel zu tun dort, und alles wird gut am Ende."
Der Herr lachte erfreut. „Ja, meine Mutter, wie sie leibt und lebt. Immer optimistisch und sich sorgend um andere", er schmunzelte verhalten, in Gedanken verloren. „Ich danke Ihnen, Frau Maiblume", sagte er, sichtlich gerührt.

Frau Maiblume konzentrierte sich abermals und stellte dann einen jungen Mann Anfang 20 vor. Er sei bei einem Motorradunfall an der Algarve in Portugal ums Leben gekommen, liebte Sachertorte und die Stadt Wien und hätte eine Schwäche für schnelle Zweiräder. Der Herr mit der Glatze meldete sich. Unsicher schaute er in die Runde.

„Ja, ich meine, meinen Neffen Joshua zu erkennen. Wir hatten eine sehr enge Beziehung zueinander. Ich habe ihm das Fahrradfahren beigebracht, und auch sonst haben wir viel Zeit miteinander verbracht. Leider haben wir häufig gestritten, weil er das Motorradfahren so sehr mochte. Ich habe ihm immer gesagt, das sei zu gefährlich“, sagte er kopfschüttelnd.

„Joshua mochte Ihnen ausrichten, dass alles gut ist. Er habe damals gemacht, was er liebte. Er sei mit den Reifen auf Rollsplitt gerutscht, da war nichts mehr zu machen. Es lag nicht an mangelnder Kenntnis der Fahrtechnik. Es tut ihm leid. Er sagt, sie sollten nicht mehr trauern, es gehe ihm gut.“

Der Herr schaute betreten unter sich auf seine im Schoß gefalteten Hände. Dann blickte er mit wasserblauen Augen auf und sagte mit trauriger Zuversicht: „Es tut mir auch leid. Ich werde es versuchen.“ Er seufzte und straffte dann seine Schultern, als wollte er dem Leben mit neuer Kraft entgegentreten.

Die Anwesenden waren halb bedrückt, halb beschwingt. Trotz der positiven Rückmeldungen aus dem Jenseits spürten sie, wie schwer es trotz alledem war, sich von geliebten Menschen zu trennen.

Da klatschte Frau Maiblume in die Hände und rief: „Auf, auf, ihr Lebensgeister! Noch ist nicht aller Tage Abend. Seien Sie froh, dass Ihre Lieben sich weiterhin um Sie sorgen und kümmern. Niemand ist allein!“

Es war nun bereits nach 20.00 Uhr, und die Teilnehmer kehrten allmählich wieder zurück ins Diesseits. Sie blieben noch ein Weilchen sitzen, um zu entspannen und zu plaudern. Frau Maiblume brachte eine weitere Fuhre Tee aus der Küche und Gebäck zum Knabbern. Serafina war überrascht und verwirrt nach allem, was sie erlebt und gesehen hatte.

Gleichzeitig nagte die Enttäuschung an ihr, denn von Greta hatte sie kein Lebenszeichen erhalten. Sie kaute nachdenklich an ihrer Unterlippe und bat dann Frau Maiblume um Rat.

„Machen Sie sich keine Sorgen. Das passiert. Nicht immer sind die Verstorbenen bereit, just in diesem Moment Kontakt aufzunehmen. Das dürfen Sie aber nicht negativ bewerten. Es gibt zahllose Möglichkeiten für sie, uns ein Zeichen zu senden, z. B. durch Träume, plötzliche Eingebungen, eigenartige Zufälle. Selbst Nachrichten auf Anrufbeantwortern oder Telefonate sind keine Seltenheit. Bitte verzagen Sie nicht, seien Sie nur immer aufmerksam Ihrer Umwelt gegenüber."

Serafina fühlte sich etwas aufgemuntert und wandte sich dann dem Herrn zu, mit dem sie im Aufzug in die Wohnung gefahren war.

„Dürfte ich Sie etwas Persönliches fragen?"

„Sehr gerne."

„Vielen Dank. Ich muss mich erst einmal sortieren. Also zugegeben, eine mediale Sitzung läuft gänzlich anders, als ich es mir vorgestellt hatte. Ich dachte, man säße händehaltend um einen runden Tisch herum und bekäme Klopfzeichen, so wie man das in Woody-Allen-Spielfilmen immer sieht. Was hat Sie denn bewogen, an dieser Sitzung teilzunehmen? Ich meine, das Ganze ist doch schon sehr speziell.“

„Das ist einem Zufall zu verdanken. Ich war vor sieben Jahren als Beifahrer in einen schweren Autounfall verwickelt. Dabei ist uns auf einer Kreuzung ein Lkw, der eine rote Ampel übersehen hatte, in die Seite gefahren, und ich war so gut wie tot. Meiner Enkelin, die am Steuer saß, ist zum Glück nichts passiert. Darauf hatte ich eine persönliche Nahtoderfahrung, die meine gesamte Einstellung zum Leben völlig über den Haufen geworfen hat. Seither befasse ich mich ausgiebig mit dem Thema, und dies ist auch der Grund meines Besuches hier bei Frau Maiblume. Ich habe zum Glück alle Zeit der Welt, da ich in Rente bin“, erklärte er augenzwinkernd.

„Das ist wirklich unglaublich! Könnten Sie mir dazu Näheres sagen? Es gibt so etwas also wirklich? Ich dachte immer, eine Nahtoderfahrung wäre eine Übersprunghandlung unseres Gehirns, einzig hervorgerufen durch Sauerstoffmangel, wie die Medizin allgemein behauptet."

„Ja, das dachte ich auch. Bis es mir eben selbst passierte. Also ich würde es als außerkörperliche Erfahrung beschreiben. D. h., man verlässt den eigenen Körper und sieht sich und alles, was passiert, aus der Vogelperspektive. Es ist sehr eigenartig und ungewohnt, und ich dachte in dem Moment auch, ich träume.

Dann sah ich sozusagen im Schnelldurchlauf Szenen aus meinem bisherigen Leben, ähnlich einem Videoclip, in dem flüchtige Momente und Bekannte vor meinem inneren Auge vorbeieilten. Daraufhin bewegte ich mich einem hellen, lebendigen Licht entgegen. Und ich begegnete sogar meiner verstorbenen Mutter, dieselbe, die uns eben gerade besucht hat. Sie sagte mir, es wäre noch nicht Zeit für eine Heimkehr, und ich kehrte daraufhin in meinen irdischen Körper zurück. Ungern, muss ich sagen, denn es war wirklich paradiesisch: das helle Licht und das Gefühl der Geborgenheit, die Freude. Wie Hamlet

damals sagte: ‚Es gibt mehr Dinge im Himmel und auf Erden, als eure Schulweisheit sich träumt.‘
In späteren Jahren habe ich viel dazu gelesen. Ich musste mir irgendwie einen Reim auf das Erlebte machen. Zum Glück gibt es viele ähnliche Erfahrungen weltweit, sonst, fürchte ich, wäre ich wohl noch verrückt geworden! Unvoreingenommene Ärzte wie Raymond Moody, Bruce Greyson oder Elisabeth Kübler-Ross haben viele davon gesammelt und zahllose Bücher geschrieben. Wenn ich mich nicht irre, lebt Moody noch. Er dürfte wohl in etwa so alt sein wie ich oder etwas älter. Wenn Sie sich dafür interessieren, kann ich Ihnen deren Lektüre sehr empfehlen.“
„Ja, gerne, ich schreibe mir die Namen gleich auf.“ Serafina tippte die Autoren eifrig in ihr Handy.
„Sie alle bestätigen, dass es ein Bewusstsein ohne Gehirntätigkeit gibt. Man kann sogar in diesem Zustand des Nahtodes Personen begegnen, von deren Tod im Moment des Erlebens niemand wusste. Das ist ungemein spannend. Greyson zum Beispiel beschreibt in einem Artikel, wie ein kleiner Junge, der

unter hohem Fieber litt und deshalb im Krankenhaus behandelt wurde, während einer Nahtoderfahrung verschiedenen verstorbenen Verwandten sowie seiner Schwester begegnete, von der alle Anwesenden annahmen, es ginge ihr gut und sie besuchte die Uni. Darauf erfuhren die Eltern, die bangend bei ihrem kranken Sohn weilten, dass ihre Tochter kurz nach Mitternacht bei einem Autounfall ums Leben gekommen war und die Polizei vergebens versucht hatte, es den Eltern mitzuteilen."

„Das ist wirklich gespenstisch", sagte Serafina und bekam eine Gänsehaut. Sie spürte förmlich den Schock der Eltern. Eine traurige Geschichte.

„Übrigens, wenn Sie sich für diese Themen interessieren, können Sie mich gerne einmal besuchen. Ich habe über die Jahre sehr viel Material zusammengetragen und besitze eine ganz stattliche Bibliothek. Mein Name ist Karl Ohnesorg, ich habe mich noch gar nicht vorgestellt im Eifer des Gefechts." Er überreichte Serafina seine Visitenkarte.

„Vielen Dank, Herr Ohnesorg, für Ihre Offenheit und die Lesetipps. Ich bin übrigens Serafina, Serafina

Morgenrot. Ich nehme Ihr Angebot gerne an und melde mich bei Gelegenheit wieder bei Ihnen. Es ist gut, jemanden zu kennen, mit dem man über diese Dinge frei sprechen kann“, sagte Serafina dankbar und verabschiedete sich daraufhin herzlich von Herrn Ohnesorg und den anderen Teilnehmern, die ebenfalls den Nachhauseweg antraten.

Serafina war sehr nachdenklich gestimmt. Gleichzeitig hatte sie aber eine neue Fährte. Wer weiß, der Besuch war womöglich doch nicht umsonst gewesen.

Die darauffolgenden Tage besuchte Serafina ihre Mutter in ihrem Heimatort. Es tat ihr gut, ein paar Tage zu Hause zu verbringen. Lea kümmerte sich rührend um ihre Tochter, kochte ihre Lieblingsspeise Tafelspitz und ging mit ihr im Nachbarort ins Programmkino, wo „Die zwölf Geschworenen“ lief.

Gemeinsam machten sie am Sonntag einen langen Waldspaziergang und besuchten dabei auch die Grabstätte Gretas. Gretas Asche war auf Wunsch der Eltern in einem Friedwald beerdigt worden. Sie wollten ihre Tochter nicht auf einem herkömmlichen

Friedhof bestatten, auch, um ihre Liebe zur Natur zu würdigen. Daher hatten sie eine stattliche Buche ausgewählt, an dessen Rinde nun eine kleine Plakette hing: Greta Wunderlich * 1. Oktober 1995, + 25. Februar 2017.

Das erste zaghafte Grün lies sich an den Ästen erahnen, und die Luft war erfüllt von Vogelgesang. Es würde Greta hier sicherlich gefallen, einem Ort der Kraft und des Lebens. Serafina umarmte den mächtigen Baumstamm und presste ihre feuchte Wange an die raue Rinde. In tiefen Zügen atmete sie die würzig-moosige Waldluft ein, und schickte einen innigen Gruß gen Himmel.

Sie erzählte Lea von ihrer Suche. Zum Glück war Frau Morgenrot diesen Dingen gegenüber recht aufgeschlossen. Als junge Frau war sie zusammen mit drei Freunden im VW-Bus nach Indien gereist; wie sie sagte, um dem ungemütlichen deutschen Winter zu entkommen und auf dem Weg eventuell der Erleuchtung zu begegnen.

Das mit der Erleuchtung hatte nicht wirklich geklappt, obwohl sie einige Wochen in einem

Meditationsashram verbracht hatte. Es wäre für sie fürchterlich gewesen, um fünf Uhr in der Früh aufzustehen, um zu meditieren. Sie wäre immer im Schneidersitz nach vorne gekippt und als sie es liegend versuchte, hätte sie alle Umsitzenden durch ihr Schnarchen gestört! Serafina und Lea kugelten sich vor Lachen. Vielleicht war sie damals einfach noch zu jung gewesen.

Immerhin hätte sie sich ihr Palmblatthoroskop lesen lassen. Das hätte sie zutiefst beeindruckt. Sie musste damals ihr Geburtsdatum und Initialen des Vornamens angeben. Danach wäre der Horoskopdeuter in irgendwelchen staubigen Hinterräumen verschwunden, um kurz darauf mit einem Bündel fein beschriebener Palmblätter zurückzukehren. Sie hätten ausgesehen wie Pergament. Er fragte Lea, ob sie ledig sei und keine Geschwister habe, ob ihre Mutter noch lebe und vor neun Jahren eine Knieoperation habe vornehmen lassen und ob ihr betagter Vater verstorben sei, als sie einundzwanzig war. All diese Fragen bejahte Lea mit wachsendem Erstaunen. Daraufhin las der alte Mann ihr persönliches Horoskop von den Palmblättern ab, von dem sich bis jetzt alles bewahrheitet hatte.

Angeblich wurden diese Palmblätter über Generationen gehütet und immer nach den jüngsten Sternenkonstellationen neu berechnet und weiterbeschrieben. Es gäbe wohl für sehr viele Lebensläufe bestimmte Palmblätter, die verblüffend akkurat das eigene Leben widerspiegelten.

Spätestens seit dieser Zeit hatte Lea einen gesunden Respekt vor allem Unerklärlichen und hütete sich tunlichst, voreilige Schlüsse zu ziehen, wann immer sie etwas Ungewöhnliches hörte oder sie darüber las.

Erst vor Kurzem wieder hätte sie im Fernsehen einen sehr berührenden Dokumentarfilm über einen Bergsteiger namens Hans Saler gesehen, der ebenfalls von seiner lebensweisenden Erfahrung mit Palmblatthoroskopen berichtete und auch ein Buch dazu veröffentlicht hatte.

Zurück in ihrer Studentenwohnung war Serafina beschäftigt mit ihrem Studium. Eine wichtige Hausarbeit über Schopenhauers „Wille zum Leben“ stand an und sie verbrachte viele Stunden in der

Unibibliothek. Der Philosoph hatte geschrieben, dass uns das schnelle Ablaufen unserer Lebenszeit rasend machen könne, wenn da nicht das heimliche Bewusstsein sei, dass unser inneres Wesen davon unberührt bleibe. Dieser Gedanke war ihr trostreich, und sie freute sich darauf, mehr über die Lebensanschauungen Schopenhauers zu erfahren.

Nach zwei Wochen setzte Serafina ihre Suche nach Greta fort. Zuerst las sie die Erfahrungsberichte über Nahtod, von denen Herr Ohnesorg bei dem Medium gesprochen hatte. Dabei stieß sie auf weitere Querverweise zu Büchern über außerkörperliche Erfahrungen, die sie augenblicklich auf ihr E-Book herunterlud. Mit angehaltenem Atem begann sie die Lektüre zu diesem spannenden Thema, die sogar aufregender als die „Tribute von Panem" und Harry Potter war, wie sie fand.

Es bestand wohl die Möglichkeit, die Außerkörperlichkeit selbst zu trainieren. „Ganz ungeheuerlich!", dachte sie. Dazu gab es Berichte und Leitfäden, unter anderem von zwei Amerikanern, auf deren Namen sie bei ihrer Nachforschung häufig stieß: Robert Monroe und William Buhlman. Robert Monroe war wohl ein Pionier auf diesem Gebiet gewesen und hatte sogar ein nach ihm benanntes Institut in den Staaten gegründet, obwohl bereits um die vorletzte Jahrhundertwende eine rührige Gruppe von Interessierten sich mit dem Thema befasst hatte.

Immer wieder stieß sie auf den Namen von Helena Blavatsky, die 1875 in New York eine gewisse Theosophische Gesellschaft mitbegründet hatte. Das Leben dieser Frau las sich wie ein Roman, obwohl Serafina doch etwas skeptisch war. Sie fühlte sich wie eine Privatdetektivin bei der Ahnenforschung.

Auch in der asiatischen Weisheit des Yogas wurde sie fündig. Der Zweig des Nidra-Yogas beschäftigte sich aktiv mit dem Thema des Traumwandelns und der Anwendung der Außerkörperlichkeit.

Zurück im 20. Jahrhundert wunderte sich Serafina, dass Amerikaner besonders stark vertreten waren bei Forschungen über Außerkörperlichkeit, vielleicht, weil sie durch ihre Kultur und Geschichte dem Neuen gegenüber besonders aufgeschlossen waren?

Die Fachliteratur empfahl, über einen Zeitraum von mindestens dreißig Tagen täglich zu üben. Bei manchen Menschen klappte es wohl bereits nach kurzer Zeit, bei anderen konnten Jahre vergehen.

„Nun denn. Ich bin ja noch jung“, dachte Serafina beruhigt. „Und Greta wird sicherlich auf mich warten.“

Ein guter Zeitpunkt für die Übungen sei, wenn der Körper müde, doch der Geist ausgeruht sei. Die Leitfäden unterstrichen, wie wichtig die komplette Entspannung des gesamten Körpers dabei sei. Jedoch dürfe man die Gedanken auch nicht zu stark auf den Wunsch der Außerkörperlichkeit fixieren, das sei dann wieder kontraproduktiv. Während der Entspannung solle man beständig die feste Absicht formulieren, beim Einschlafen den eigenen Körper zu verlassen. Diesen Wunsch solle man völlig verinnerlichen.

Es sei hilfreich, auch im Laufe des Tages immer wieder daran zu denken und sich auch sonst mit dem Thema zu beschäftigen, z. B. artverwandte Bücher lesen. Dadurch werde das Gehirn bereits auf die

Übungen vorbereitet und empfänglicher. Als Ort wurde eine Couch oder ein Sessel empfohlen, da das eigene Bett häufig zum direkten Einschlafen verleitete. Als Zeitraum schien nachts oder morgens nach dem ersten Aufwachen günstig.

Während der Außerkörperlichkeit könne man sich Kraft der Gedanken fortbewegen. Will heißen, der Gedanke half, ein Ziel zu erreichen oder sich zu einer Person oder einem Ort hinzubewegen.

„Cool!", dachte Serafina begeistert. „Das ist tausendmal besser als jede virtuelle Realität." Nun denn, sie würde es ausprobieren.

Wann immer sie in der Nacht nach einer ersten Tiefschlafphase kurz aufwachte, konzentrierte sie sich intensiv auf ihren Wunsch, vor dem nächsten Einschlafen ihren Körper zu verlassen, und entspannte dabei so gut wie möglich alle ihre Muskeln. Sie stellte sich dabei eine gedankliche Leiter vor, um gewissermaßen aus ihrem Körper herauszuklettern. Die ersten dreizehn Tage verliefen ohne besondere Vorkommnisse, und Serafina begann sich zu fragen, ob sie einem reinen Hirngespinst

folgte oder zu der Gruppe gehörte, die jahrelang üben musste. Frust breitete sich aus.
Ab dem siebzehnten Tag begann sie plötzlich, ab und zu luzide Träume zu haben, in denen sie bei vollem Bewusstsein das Geträumte wahrnahm und beeinflussen konnte. Und dann, am dreiundzwanzigsten Tag, geschah das Unglaubliche. Sie hörte ein Summen und Brummen und spürte, wie ihr Körper vibrierte und in Schwingung geriet, ein Phänomen, über das sie gelesen hatte. Kurz darauf empfand sie ein unbeschreibliches Gefühl der Leichte und Schwerelosigkeit. Sie schwebte über ihrem Bett und ihrem eigenen Körper, den sie friedlich ruhend unter der Bettdecke wahrnahm! „Juhu“, jubilierte sie innerlich, „hier bin ich und dort ist mein Körper!“
Sofort verspürte sie ein heftiges Ziehen und eine Art Zuschnappen und fand sich prompt in ihrem eigenen Körper wieder. Natürlich! Alle Anleitungen hatten ausdrücklich darauf hingewiesen, dass jeder Gedanke an den eigenen Körper den außerkörperlichen Zustand sofort beenden würde. „Letztendlich sind wir

körperliche Wesen und die Anziehung desselben ist ähnlich eines Magneten", überlegte Serafina.
„Schade, es war gerade so umwerfend!", dachte sie mit Bedauern. „Es ist also tatsächlich möglich. Warum erfuhr nicht alle Welt von dieser wundersamen Entdeckung?"
Sie spürte, dass es noch viel zu erforschen gab. Wie beseelt von einem Gefühl neuer Erkenntnis konnte sie lange Zeit nicht mehr einschlafen; sie war schlicht und einfach zu aufgeregt. Darum griff sie zu ihrem Computer und schrieb alles auf. Nach einer gefühlten Ewigkeit fiel sie endlich gegen fünf Uhr in der Frühe in einen tiefen traumlosen Schlaf.

Erste Schritte auf der anderen Seite

Serafina übte weiter. In unregelmäßigen Abständen gelang es ihr, die Erfahrung vom dreiundzwanzigsten Tag zu wiederholen. Meistens befand sie sich außerkörperlich in ihrem Schlafzimmer oder der Wohnküche. Einige Wochen vergingen und sie beschloss, allmählich ihren Aktionsradius auszudehnen. Sie erzählte ihrer Mutter von ihren Erfahrungen und bat sie, an einem Experiment mitzuwirken. Lea war zuerst besorgt. „Nicht, dass dir etwas zustößt während deiner Wanderungen und du nicht mehr zurückkehren kannst in deinen Körper. Das wäre ja ganz fürchterlich!"

Doch Serafina beruhigte ihre Mutter. „Nein, das ist nicht möglich. Es kann mir absolut nichts passieren. Mein Körper und ich sind eins, zumindest in diesem Leben, wie es scheint."

Serafina wollte Lea außerkörperlich besuchen kommen. Dabei sollte Lea im Wohnzimmer einen großen weißen Zettel mit einer beliebigen Zahl auf

den Wohnzimmertisch legen. Sie würde dann versuchen, diese bei ihrem Besuch zu lesen.
Zwei Nächte später gelang es ihr, eine außerkörperliche Erfahrung einzuleiten. Sie dachte intensiv an ihr Zuhause und fand sich sogleich im Wohnzimmer wieder. Alles sah aus wie immer, aber doch irgendwie anders. Vor allem das Licht war dunkler und hatte einen leicht bläulichen Schimmer, und die Konturen der Möbel waren etwas verschwommen und unscharf. Sie musste sich anstrengen, um scharf zu sehen, und befahl sich innerlich: „Klarheit jetzt!“
Sie suchte das Blatt Papier, über das sie mit Lea gesprochen hatte. Da war es! Sie konnte es tatsächlich weiß leuchtend sehen. Nur die Zahl konnte sie nicht lesen, obwohl sie sich gewaltig anstrengte. Die Nummer verschwamm vor ihren Augen. Ermüdet wanderten ihre Gedanken zu ihrem Körper, und flugs kehrte sie in diesen zurück. Enttäuscht wachte sie auf. Die außerkörperliche Wahrnehmung war wohl durch die unterschiedliche Frequenz beeinträchtigt. Sie

beschloss, es in der darauffolgenden Nacht erneut zu versuchen.
Mehrere Nächte vergingen, bis es ihr wieder gelang, ihren Körper zu verlassen. Wann immer sie zu viel Energie und Wille in ihr Vorhaben steckte, scheiterte sie.
Besonders hier konnte man wohl nichts erzwingen. Noch einmal versuchte sie, die Zahl auf dem Blatt Papier zu dechiffrieren. Sie meinte, eine acht oder neun zu erkennen, war sich dessen aber nicht völlig sicher. Am nächsten Tag war sie schlecht gelaunt und fühlte sich in einer Sackgasse. Sie beschloss, Abstand zu nehmen und eine Zeit lang gar nichts zu tun außer einer unverbindlichen Lektüre verschiedener Erfahrungsberichte.
Nach der Vorlesung ging sie noch in den Supermarkt, in dem sie auch früher mit Greta häufig Einkaufen gewesen war, da er besonders gute, frische Obstsäfte führte. Es war dasselbe Geschäft, in dem Greta vor einigen Jahren den Obdachlosen verteidigt hatte, der dort sozusagen seinen Dauerplatz zum Geldverdienen eingenommen hatte. An der Kasse fragte sie die

Kassiererin beiläufig, ob sie wüsste, was mit ihm geschehen sei, da er nicht mehr vor der Tür sitze.

„Ach der!“, rief die frisch dauergewellte, rundliche Dame. „So ein Glück muss man haben! Der hat vor ein paar Jahren den Eurojackpot leer geräumt und lebt wohl jetzt in Berlin! Bevor er fortging, hat er uns Angestellten im Supermarkt noch allen Champagner und rote Rosen geschenkt. Eine ganz unglaubliche Geschichte.“

Serafina lachte erstaunt. „Wunder geschehen! Das freut mich sehr für ihn.“

Am Abend las sie den Blog eines anderen amerikanischen Autors namens Robert Peterson über Außerkörperlichkeit. Es fiel ihr wie Schuppen von den Augen. Peterson sagte, er habe zu Beginn viel zu viel Zeit mit der Technik der Übungen verbracht und dabei völlig den spirituellen Aspekt aus den Augen verloren.

„Sicher. Genau das ist mir auch passiert. Ich habe mich auf diese Reise begeben, um Greta zu finden, und was tue ich stattdessen? Ich versuche, blöde Zahlen auf irgendwelchen Zetteln zu erkennen. So ein

Unsinn! Wenn ich Greta wäre, wäre ich jetzt richtig sauer. Es ist gerade so, als wollte ich eine Weltreise machen, aber dann die Abfahrt immer wieder verschieben, da das Auto noch in die Waschstraße muss." Von nun an würde sie sich wieder der eigentlichen Suche widmen.

Einige Nächte später machte Serafina einen weiteren Versuch. Es gelang ihr diesmal, den Zustand der Außerkörperlichkeit relativ schnell und reibungslos zu erreichen.

„Na also, geht doch", sie war zufrieden mit sich und ihren Fortschritten. Diesmal hatte sie sich fest vorgenommen, direkt intensiv an Greta zu denken.

Serafina fand sich wieder in einer völlig neuen Umgebung. Sie ähnelte einem bunten, ausufernden Sommergarten, mit einer unglaublichen Vielfalt an Pflanzen und Blumen, die ein eifriger Sammler aus allen Regenwäldern der Welt herbeigetragen zu haben schien. Die Farben waren intensiv und leuchtend, und der tiefblaue Himmel war erfüllt von schillernden Vögeln und tellergroßen Schmetterlingen. Ein angenehmer Lavendelduft wogte durch die Lüfte.

Serafina war überwältigt angesichts der Pracht und vergaß jeglichen Gedanken.
Sie bewegte sich energetisch zwischen den Gewächsen vorwärts, bis sie an einen schmalen, klaren Bach stieß, der fröhlich gurgelnd durch die Landschaft floss. Auf dem Grund sah man große, runde hellgraue und weiße Kieselsteine; Regenbogenforellen ließen sich in dem leichten Strom treiben. Am linken Ufer sah sie eine Bank aus hellem Birkenholz, auf der ein junger Mann mit kastanienbraunem Haar saß und konzentriert Seifenblasen in die Luft blies. Ein menschliches Wesen! Mit einem Gedanken war sie bei ihm. Er hatte grüne, forschende Augen, mit denen er sie freundlich anblickte, und ein altersloses, ebenmäßiges Gesicht mit hohen Wangenknochen und rabenschwarzem Haar. „Ein bisschen ähnelt er Atreju aus der Unendlichen Geschichte“, dachte Serafina, „nur hat er keine olivgrüne Haut.“
„Wer sind Sie?“, formulierte sie ihren Gedanken im Geiste.

„Nenne mich Leander, Leander Lux. Ich bin einer deiner geistigen Führer in diesem Lebensabschnitt. Greta bat mich, dich willkommen zu heißen, da sie im Augenblick gerade sehr beschäftigt ist."

„Greta! Sie haben Nachrichten von ihr? Wo ist sie? Wie geht es ihr?", übermittelte Serafina überglücklich telepathisch.

„Es geht ihr hervorragend. Sie ist völlig gesundet und kümmert sich um die Aufnahme von Durchreisenden, welche die Erderfahrung eben erst beendet haben und noch etwas orientierungslos sind."

„Moment, das geht mir nun alles ein bisschen zu schnell", unterbrach ihn Serafina. „Wenn hier jemand Orientierung braucht, dann bin ich das!"

„Entschuldigung, fangen wir von vorne an. Ich erkläre dir alles der Reihe nach. Ich darf dich doch bei deinem Vornamen nennen? Bitte sage einfach Leander zu mir. Wollen wir ein paar Schritte gehen?"

Die beiden setzten sich in Bewegung und spazierten barfüßig über samtenes grün glänzendes Moos an dem Wasserlauf entlang.

„Was du hier erlebst, ist die Bewusstseinsebene gleich nach der irdischen. Moment, das ist nicht ganz richtig. Es gibt auch noch dazwischen eine schmale Energiezone, in der manch ein Mensch hängen bleibt, zum Glück recht selten, wenn er z. B. zu überraschend von seinem Körper getrennt wurde und sich nicht vollständig lösen will, aus Furcht oder Unkenntnis. Das passiert zum Beispiel bei plötzlichen oder gewalttätigen Todesursachen wie Unfällen oder Mord. Oder aber wenn ein Mensch zu sehr mit dem Irdischen verankert ist, dadurch, dass er zu stark an etwas hängt und nicht loslassen will. Das kann eine bestimmte Umgebung sein oder auch ein anderes Lebewesen. Der Mensch wandert dann haltlos durch den Raum, sucht seine gewohnte Umgebung auf und erschreckt gelegentlich andere Personen, die unbehelligt ihrem Tagewerk nachgehen."

„Du meinst so etwas wie ein Gespenst?"

„Ja, genau, so nennt man das wohl auf der Erde. Der Begriff Geist trifft es allerdings meines Erachtens besser."

„Wow", entgegnete Serafina entgeistert.

„Dieser Zustand kann sich über Jahre und Jahrzehnte hinziehen, da die Zeit in dieser Zone sowie hier überall nicht existiert“, erklärte Leander.

„Die Ebene, die du soeben besuchst, ist das Gedankenwerk der Ankommenden. Gedanken sind kreativ, will heißen, sie erschaffen die gedachte Wirklichkeit. Da die Materie hier permeabel und nicht so verfestigt ist wie auf der Erde, ist dies ein Leichtes. Deshalb wirst du hier die unglaublichsten Landschaften, Paläste und Städte sehen, denen die menschliche Fantasie fähig ist. Das indische Taj Mahal, Schloss Neuschwanstein, die andalusische Alhambra sind alle nur farblose Reproduktionen dessen, was du hier erblicken wirst. Dies hier ist ein Feuerwerk der Fantasie, erschaffen von den Gedanken des Kollektivs Gleichgesinnter.

Auch auf der Erde schafft die Vorstellungskraft der Menschen ihre Realität, freilich nicht ganz so spontan und herrlich wie hier, aber das Konzept ist dasselbe. Alles, was entsteht, gebaut und geschaffen wird, entspringt zuerst dem Gedanken, dem Ursprung, der irgendwann Form wird. Da so gut wie alle Menschen diese entstandene Form dann so wie sie letztlich erscheint, anerkennen, verfestigt sie sich Kraft der Imagination der Gemeinschaft. Deshalb erscheint alles auf der Erde als fest, dreidimensional und solide. Die meisten Reisenden treffen hier auf dieser ersten Ebene ein und sind der festen Überzeugung, im Paradies gelandet zu sein. Es ist ja wahrlich auch alles ganz wunderbar, von überirdischer Schönheit und der gerade verlassenen Realität ähnlich genug, sodass man sich ein bisschen wie zu Hause fühlt. Außerdem trifft man hier Verwandte und Bekannte, die bereits früher angekommen sind, schließlich fühlt man sich wohl in dieser Sphäre und bleibt, manchmal sehr, sehr lange.

Greta ist im Moment in der Aufnahmestation beschäftigt. Dort treffen Menschen ein, die oft Schlimmes auf der Erde durchgemacht haben und deren Seelen sich erholen und ausruhen müssen. Diese Tätigkeit entspricht Gretas Wesen, und sie ist sehr glücklich. Ich hoffe, du wirst ihr bei einem deiner nächsten Besuche begegnen. Nun muss ich leider los, ich habe in Kürze noch einen Ankömmling, um den ich mich persönlich kümmern muss. Er kommt aus einem irdischen Kriegsgebiet und ist schwer traumatisiert. Bis zum nächsten Mal, gehab dich wohl!“, sprach er und verschwand.

Serafina blieb noch einen Moment in der traumhaften Umgebung zurück und ließ das Erlebte auf sich einwirken. Ein stahlblauer Schmetterling umflog sie und setzte sich ihr auf die rechte Schulter. Regungslos bewunderte sie die Schönheit des Falters aus dem Augenwinkel, die Feinheit seiner Fühler, das tiefe Blau. Dann verspürte sie einen starken Sog und kehrte umgehend in ihren Körper zurück.

Zu Hause angekommen, schrieb sie alles nieder, da ihre Erinnerung nun noch am frischesten war. Ein Gedanke flatterte ihr nachhaltig durch den Kopf, während ihre Sinne aufgrund der Müdigkeit allmählich abstumpften. „Greta lebt!“ Ihr Herz jubilierte. Sie freute sich immens darauf, sie wiederzusehen. „Sie ist zu beschäftigt, das passt zu ihr“, dachte sie schmunzelnd. „Ich muss Leander unbedingt noch mehr Fragen stellen. So viel gibt mir nach wie vor Rätsel auf." Völlig ermattet schlief sie ein.

Am Morgen traf sie Omar beim Frühstück in der Wohnküche. Er aß gerade eine Schale Müsli und trank eine große Tasse Espresso. Serafina briet sich ein Rührei mit frischen Tomaten, da sie wahrlich einen Bärenhunger hatte nach dem Abenteuer der letzten Nacht. Sie fragte vorsichtig, ob Omar etwas über den neuesten Stand der Kenntnis zur Teilchenphysik wisse. Sie dachte, dies könnte vielleicht eine mögliche Spur sein, um die Außerkörperlichkeit zu erklären. Man las immer wieder in der Zeitung über bahnbrechende Experimente des Forschungszentrums in Genf, wo sich der weltweit größte Teilchenbeschleuniger befand.

„Auweia! Und das beim Frühstück! Ich bin noch gar nicht ganz aufgewacht, um dir darüber etwas, noch dazu in Laiensprache, erzählen zu können."

„Ich meine, ist es deiner Ansicht nach möglich, dass die heutige Wissenschaft Dinge entdeckt, die sie eigentlich bis dato für völlig unmöglich gehalten hat?“ „Ah, das ist schon einfacher, und diese Frage kann ich eindeutig mit Ja beantworten. Selbst Max Planck sagte vor mehr als 60 Jahren so etwas Ähnliches. Sinngemäß, dass es 50 Jahre dauere, bis Irrlehren der Wissenschaft ersetzt würden, denn so lange dauere es, bis Professoren und deren Studenten das Zeitliche gesegnet hätten.“ Er lachte.

„Auch einige Physiker meiner Generation vertreten diese Auffassung. Man wartet sozusagen auf einen Neustart, um überholte Gedankenkonzepte und Lehren in einem frischen Licht zu sehen. Wer weiß, vielleicht ist die nachrückende Generation Y besser gewappnet, um außerhalb der Box zu denken. Nun muss ich aber schleunigst zur Vorlesung. Bin schon spät dran. Wir sehen uns heute Abend!“

Er schnappte seinen Rucksack und Fahrradhelm und ließ beim Fortgehen die Wohnungstür hinter sich ins Schloss fallen.

Serafina hatte den Vormittag über vorlesungsfrei und beschloss, sich ungestört ihrer Lieblingsbeschäftigung, der Internet-Recherche, zu widmen. Zuerst einmal würde sie gezielt nach

Geistern und Gespenstern suchen, nun, wo ihr Leander erzählt hatte, dass diese ein völlig natürliches Phänomen seien. Sie wurde umgehend fündig.
Auf der Webseite der Universitätsbibliothek Freiburg fand sie in Band 11 der Zeitschrift für Parapsychologie und Grenzgebiete der Psychologie aus dem Jahre 1968 die Beschreibung eines eigenartigen Falles, genannt „der Rosenheim-Spuk“. Darin wurde beschrieben, wie in einer Anwaltskanzlei merkwürdige Dinge stattfanden. Unter anderem zersprangen wiederholt Lampen, eine bestimmte Telefonnummer wurde ohne menschliches Zutun wieder und wieder gewählt, es verdrehten sich Bilder an der Wand und ein mehrere Zentner schwerer Aktenschrank rückte merklich von der Wand ab.
Nach Mutmaßung der damaligen gründlichen Untersuchung waren die Vorfälle auf psychokinetische Einflüsse einer Büroangestellten zurückzuführen, also geistige Kräfte der Dame, die dadurch Gegenstände bewegte. Das war zugegebenermaßen bereits sehr waghalsig als

Vermutung. Serafina argwöhnte, dass es sich bei den Vorfällen womöglich um das Tun eines Menschen handelte, der in der erwähnten Zwischenebene festsaß. Vielleicht wollte er dadurch auf seine missliche Lage aufmerksam machen? Es blieb auf jeden Fall sehr eigenartig. Für alle Fälle gab es im Internet die Adresse einer parapsychologischen Beratungsstelle in Freiburg in Süddeutschland.

„Völliger Unfug sind solche Erscheinungen und Erfahrung dann wohl doch nicht, sonst gäbe es keinen Bedarf für eine derartige Beratungsstelle. Wirklich sehr merkwürdig“, dachte sie und klappte den Laptop zu. „Aber auch irgendwie beängstigend. Ich muss Leander unbedingt fragen, wie man diesen armen Seelen helfen kann. Wer weiß, wie lange sie dort in dieser Ebene schweben und ihr Unwesen treiben und unbescholtenen Bürgern den Schlaf rauben.“ Sie schauderte und beschloss, einen Stadtbummel zu machen, um auf andere Gedanken zu kommen.

Die Sonne schien und der Gesang der Buchfinken und Blaumeisen erfüllte die Luft, die Stimmung war sommerlich entspannt. Serafina kaufte sich beim

Italiener eine Waffel Haselnusseis und schlenderte ihr Eis leckend durch die Fußgängerzone. Die Straßencafés waren gefüllt mit Studenten und Berufstätigkeiten, die beschlossen hatten, ihre Mittagspause im Freien zu genießen. Häufig schallte lautes Lachen von den Tischen herüber. Das schöne Wetter machte definitiv gute Laune!

Vor einer Buchhandlung blieb Serafina stehen und schaute sich die ausgelegten Buchtitel an. Vielleicht gab es einen neuen Bestseller zum Lesen? Irgendetwas Leichtes, Lustiges, so wie der Hundertjährige, der aus dem Fenster stieg. Ein bisschen Ablenkung konnte nicht schaden. Ihr Blick fiel auf den Titel: „Das zweite Leben des Billy Fingers: Wie mein Bruder mir aus dem Jenseits bewies, dass es nach dem Tod weitergeht“. Sie stockte.

„Nein, nicht möglich! Das Thema verfolgt mich ja geradezu!“ Trotzdem war ihre Neugier stärker als ihre Entrüstung, und sie betrat den Buchladen, um ihn kurz darauf mit dem Buch in ihrer Umhängetasche wieder zu verlassen.

Auf dem Rückweg traf sie ein paar Bekannte, die ebenfalls der Sonne frönten und im Café am Markt einen Cappuccino tranken. Ihre Freundin Elisa war auch dabei, und Serafina gesellte sich einen Augenblick zu ihnen. Elisa studierte Germanistik, Anglistik und Kunstwissenschaften an der Philipps-Universität in Marburg. Sie hatten sich bei einer Studieneinführungswoche kennengelernt und gingen seither öfter gemeinsam ins Kino oder zu sonstigen kulturellen Veranstaltungen.

„Hallo Serafina! Wie geht's? Dich habe ich ja eine halbe Ewigkeit nicht mehr gesehen!“

„So weit ganz gut, den Umständen entsprechend. Wie läuft's bei dir? Deine Hausarbeit über die Violine? Apropos, wenn du willst, kann ich dich mal einem echten Geigenbauer vorstellen. Er ist der Vater meiner besten Freundin.“ Serafina schluckte. Es war ihr einfach so rausgerutscht. Ihr stiegen plötzlich die Tränen in die Augen.

„Hallo, was ist denn los? Ach ja, die verflixte Geschichte mit Greta. Es tut mir so leid. Es muss ganz schlimm für dich sein. Komm, ich spendiere dir einen Kaffee", sagte Elisa und legte tröstend den Arm um Serafinas Schulter. „Hör mal, ich wollte dich sowieso anrufen. Gut, dass ich dich jetzt hier sehe. Hättest du Lust auf einen Kurzurlaub? Ich werde nächste Woche mit der Hausarbeit fertig, und danach habe ich etwas Luft. Ich denke, ein bisschen Erholung könnte dir guttun, und ich würde auch gerne mal wieder etwas anderes sehen als Hörsäle und Bibliotheken."

„Ja, das wäre super! Vielleicht können wir ein paar Tage ans Meer fahren?" Ihre Augen leuchteten, als sie sehnsuchtsvoll an das weite Blau dachte. „Vor Weihnachten habe ich in einer Zeitschrift einen Artikel über eine kleine Insel südwestlich von Sardinien gelesen, die Isola di San Pietro. Die Fotos waren wunderschön. Was denkst du?"

„Klingt gut! Ich schaue gleich heute Abend mal nach Flugverbindungen und melde mich dann bei dir."

„O. k., bis später! Ich freu mich", entgegnete Serafina.

Gesagt, getan. Elisas Rückmeldung kam noch vor der Tagesschau.

„Es gibt einen preiswerten Flug nach Cagliari, das liegt ganz im Süden von Sardinien. Er fliegt immer montags und freitags. Von dort kommen wir schon irgendwie zur Isola di San Pietro. Soll ich für dich mitbuchen? Sagen wir von Montag bis Montag, Mitte Juni?“ Serafina bestätigte umgehend.

„Sehr gerne! Ich gebe dir dann das Geld gleich morgen zurück. Danke, du hattest eine klasse Idee. Ich schaue auch bei nächster Gelegenheit nach einer netten Unterkunft im Internet.“

Die Reise konnte beginnen.

Die Insel der Glückseligen

Serafina und Elisa fuhren gemeinsam zum Flughafen. Sie hatten nur jede einen Rucksack dabei, um das Geld für die Kofferaufgabe zu sparen. Serafina gab zwar Nachhilfeunterricht in Englisch, doch musste sie immer etwas auf ihren Geldbeutel achten. Bei Elisa war es nicht anders. Die Flugzeit würde knapp zwei Stunden dauern. Wenn sie gute Sicht hätten, könnten sie das Mittelmeer sehen und Sardinien, das sie von Norden nach Süden überflogen. Sie hatten Glück.

Der Blick auf die schneebedeckten Alpen und Bergseen, auf Südfrankreich und das tiefblaue Meer, von wenigen, silbern in der Sonne glitzernden Schiffen durchzogen, Korsika, La Maddalena mit ihren smaragdgrünen Buchten und rosa Stränden und danach das rot-grün-braune, dünn besiedelte Sardinien. Es war atemberaubend. Serafina und Elisa klebten abwechselnd am Fenster, um die Schönheit mit ihren Handys einzufangen.

Nach der Ankunft nahmen sie einen Minibus, der sie in einer gut 45-minütigen, rasanten Fahrt zum

Fährhafen brachte. Von dort war es dann noch mal eine halbstündige Überfahrt bis nach Carloforte, dem Hauptort der Isola di San Pietro. „Die Außerkörperlichkeit hat schon so seine Vorzüge", dachte Serafina, leicht ermüdet. „Die Fortbewegung auf der Erde ist manchmal ziemlich mühsam."

Doch die Überfahrt machte die Anstrengungen der Anreise wieder wett. Kaum hatte die Fähre Anna Mur abgelegt, sah man bereits in der Ferne die kleine Insel, die von Minute zu Minute näher rückte. Grün und einladend lag sie wie ein Juwel aus Jade im hellen Blau des Wassers.

Bald sah man die Meerespromenade von Carloforte, die pastellfarbenen, klassischen Bürgerhäuser und die Allee aus immergrünen Ficus-Bäumen mit dichten dunkelgrün leuchtenden Blättern. Davor die Segel- und Motorboote, die links und rechts der Hafeneinfahrt friedlich auf dem Wasser schaukelten. Die Zeit reichte gerade für einen Cappuccino an Bord und schon wurde angelegt.

Die beiden Freundinnen verließen das Schiff und setzten sich erst einmal in eine Bar am Ufer, um ihre

Ankunft gebührend zu feiern. Sie bestellten sich jede ein Fläschchen sardisches Bier, zu dem ein Teller mit mundgerechten, lokalen Spezialitäten gereicht wurde. „Das haben wir doch gar nicht bestellt!“, rief Elisa entrüstet. Die Bedienung lachte amüsiert und erklärte auf Englisch, dass dies fester Bestandteil des Aperitifs sei, aber wenn sie es nicht wollten, könne sie es wieder mitnehmen.

„Nein, nein, das nehmen wir sehr gerne!“, entgegnete Elisa wie aus der Pistole geschossen, die Köstlichkeiten fest im Blick, damit sie sich bloß nicht wieder verflüchtigten. Ihr lief schon das Wasser im Munde zusammen. Als die Kellnerin fort war, schüttelten sich beide vor Lachen.

„Mensch, was machen wir für einen gierigen Eindruck! Die werden denken: Typisch deutsch, vom Stamme Nimm“, prustete Serafina, sich die Lachtränen aus den Augen wischend.

Später gingen sie zielstrebig zu ihrem Hotel, das etwas oberhalb im Ort lag. Alles war bequem zu Fuß erreichbar, da der Großteil Carlofortes für Autos gesperrt war. Der freundliche Hotelwirt hieß sie willkommen und wies ihnen ihre Zimmer, die Treppe hinauf. Da das Hotel nicht ausgebucht war, hatte er ihnen eine Unterkunft mit geräumigem Balkon und Meerblick reserviert. Serafina und Elisa waren begeistert. Sie beschlossen, am Nachmittag die verwinkelten Gässchen zu erkunden und am nächsten Tag ein E-Bike zu mieten, um ein bisschen auf der Insel herumzukurven. Serafina hatte gelesen, dass die Insel wohl ein paar Höhenmeter hätte, und in der sommerlichen Hitze wollten sie keinen Kollaps riskieren.

Am nächsten Tag fuhren sie wie geplant mit dem Elektrorad zum Leuchtturm auf der anderen Seite der Insel. Es ging bergauf und bergab durch die zart grüne hügelige Landschaft, durch Wiesen und über Straßen, die immer wieder den Blick auf das Meer freigaben. Der Duft der Kiefern und Mittelmeerkräuter umschmeichelte ihre Sinne.

Der Leuchtturm Capo Sándalo bot einen überwältigenden Anblick auf die fernen Buchten und die darunter schäumenden Wellen. Im Frühling nisteten hier an den steinigen Küsten die

Eleonorenfalken, benannt nach der sardischen Königin Eleonora d'Arborea, die bereits im 14. Jahrhundert Greifvögel schützen ließ, wie die Freundinnen auf einer Tafel lesen konnten.
„Wow, eine Tierschützerin im Spätmittelalter, und dazu noch eine Frau!", staunte Elisa.
Danach verbrachten die Vögel den Winter auf Madagaskar, nach einer beschwerlichen Reise quer durch Afrika.
„Keine schlechte Wahl für ein Winterquartier", meinte nun Serafina. „Aber quer durch Afrika? Ganz schön weit."
Auf dem Rückweg machten die beiden Halt an einer weiten, sandigen Bucht, um ein Bad zu nehmen. Sie waren erfreut, dass kaum andere Besucher am Strand waren. Die Hauptreisezeit war August, und somit hatten sie reichlich Platz für ihre Handtücher, die sie, dem Lauf der Sonne folgend, am Strand ausbreiteten.
Tags darauf trafen sie auf einen betagten, weißhaarigen Fischer, der entspannt vor seinem Haus an der Promenade Reusen flickte. Er erklärte, einen Großteil seines Lebens auf Kuttern in der Nordsee

gearbeitet zu haben, und sprach deshalb fließend Deutsch.

„Apropos, wissen Sie, welche Sprache die Leute hier sprechen?“, fragte Elisa als Sprachinteressierte ihn wissbegierig. „Es klingt ganz anders als Sardisch.“

„Ja, in der Tat, es handelt sich um einen ligurischen Dialekt aus Genua. Kennt ihr die Geschichte Carlofortes? Nein? Dann muss ich euch unbedingt kurz davon erzählen.

Also, die Carlofortini lebten ursprünglich auf Tabarka, einer kleinen Insel vor Tunesien, die von Auswanderern aus der Region Genua besiedelt wurde. Sie widmeten sich der Korallenernte, die damals noch weit verbreitet und legal war. Da die Lage dort aufgrund zunehmender Piratenübergriffe sehr schwierig wurde, erlaubte ihnen der damalige Savoyenkönig im 18. Jahrhundert, diese Insel hier zu besiedeln. Sie nannten den Hauptort Karl der Starke, Carloforte, zu Ehren des Königs Carlo Emanuele III. Und da geschah es doch tatsächlich, dass kaum fünfzig Jahre nach der Besiedelung die gesamte Bevölkerung von Piraten verschleppt wurde, und zwar wieder zurück nach Tunesien! Nach fünf langen Jahren quälender Gefangenschaft, die vielen der Entführten das Leben kostete, wurden sie endlich freigekauft, und wisst ihr, wer bei den erfolgreichen Verhandlungen mitgewirkt hat? Ein kleiner Korse namens Napoleon Bonaparte! So kehrten die Inselbewohner überglücklich zurück in ihre Heimat“, schloss der Fischer zufrieden und blinzelte, als einige Sonnenstrahlen das dichte Blätterdach der Bäume durchdrangen und ihm in die Augen schienen.

„Das ist wirklich eine unglaubliche Geschichte“, bestätigten die beiden und dankten dem Erzähler, bevor sie weiterschlenderten.

Den nächsten Tag planten Elisa und Serafina, auf See zu verbringen, und zwar auf einem Segelboot, das eine Inselumrundung mit Mittagessen und Badestopp in einer der Buchten anbot. Es war ein weiterer sonniger Tag, ein leichter Wind wehte. Mit von der Partie war noch ein sympathisches junges Pärchen aus Lecce in Apulien, Carlo und Alessandra.

Die Jacht war ein solider 54-Fuß-Einmaster, der Skipper ein Deutscher mittleren Alters, der sich im

Sommer in Sardinien ein Zubrot verdiente, indem er Segeltörns für kleine Gruppen anbot. Ansonsten arbeitete er als freischaffender Designer ein bisschen überall in Europa. Er hieß Hans.

„Meine Mutter hatte als junge Frau eine Schwäche für Hans Albers. Das Einzige, was mich mit ihm und seinen Filmen verbindet, sind allerdings nur die Seefahrt und das Meer." In der Tat hatte er dunkles welliges Haar und humorvolle schwarze Augen, um die sich kleine Lachfalten sammelten, und ähnelte dem blonden, blauäugigen Original nicht im Geringsten.

Für die Törns half ihm als Crew Leonardo, ein junger Mann aus Carloforte, der sich auch um die italienischsprachigen Gäste kümmerte. Hans sprach wohl ein bisschen Italienisch, doch traute er sich nicht zu, ein vollständiges Unterhaltungsprogramm in der Sprache Dantes zu meistern. Die Jacht trug den klangvollen Namen Ananda.

„Ananda bedeutet auf Sanskrit so viel wie perfektes Glück. Ananda war auch einer der Lieblingsjünger des Buddha. Somit schien mir dieser Name ein gutes

Omen für ein Boot“, erklärte Hans bereitwillig auf Elisas Nachfrage.

Pünktlich um zehn Uhr wurde abgelegt. Sie verließen den Hafen nach einer kleinen Ehrenrunde, da sie zuerst noch ein Fährschiff einlaufen lassen mussten. Dann bogen sie links ab Richtung Isola Piana und Isola dei Ratti. Als sie diese beiden kleinen Inseln hinter sich gelassen hatten, konnten sie nur mit der Fock angenehm Richtung Westen segeln, einen guten Rückenwind nutzend. Dann ging es immer an der Küste entlang. Sie waren kaum eine halbe Stunde auf See, als es dem ersten Passagier bereits unwohl wurde. Alessandra vertrug die Wellenbewegung nicht wirklich und verbrachte danach die meiste Zeit der Fahrt ausgestreckt liegend im Cockpit.

„Oh Madonna, mai più!”, stöhnte sie, während sie bleich im Gesicht wurde und Carlo ihr, an ihren Füßen sitzend, mit seiner Baseballmütze Wind zufächerte.

Die Rückseite der Isola di San Pietro war felsig und die hohen Kliffe vom Meer aus sehr eindrucksvoll zu betrachten. Serafina und Elisa ließen sich den Wind um die Nase wehen und genossen die salzig-frische Seebrise. Hans warf die Angel aus in der Hoffnung, dadurch das Mittagessen noch etwas abwechslungsreicher zu gestalten.

Nach gut zwei Stunden nach der Abfahrt hatten sie den Leuchtturm hinter sich gelassen und steuerten auf eine Badebucht zu, in der bereits einige Segel- und Motorboote vor Anker lagen. Um die Boote herum tummelten sich Urlauber aller Altersgruppen im lauen klaren Wasser. Kinder sprangen, den Hintern zuerst, laut platschend von den Bootsrändern, ausgelassen lachend und vor Spaß kreischend. Einige schnorchelten und beobachteten die Unterwasserwelt, andere vergnügten sich mit überdimensionierten, aufblasbaren, knallbunten Wassertieren in Form von blau-orange gestreiften Seepferden, erbsengrünen Krokodilen und einer riesigen gelben Quietscheente.

Hans holte die Angel ein und ankerte ebenfalls, ein bisschen entfernt von der lautstarken, ausgelassenen Meute.

„Da der Fisch heute nicht so wollte wie wir, schlage ich euch eine Spezialität Carlofortes vor: Thunfisch!

Ihr könnt euch ja zuerst ein bisschen im Wasser erfrischen, während ich das Mittagessen vorbereite", sagte er aufmunternd zu der kleinen Reisegesellschaft. Leonardo wiederholte das weitere Programm noch einmal auf Italienisch für das Pärchen. Alessandra erholte sich allmählich, nun, da das Boot zum Stehen, aber nicht zum Stillstand gekommen war, da es weiterhin sanft um die Ankerkette herumtrieb.

Nach wenigen Minuten sprangen alle drei begeistert ins blaue Nass. Elisa hing eine halbe Ewigkeit wie ein nasser Sack an der Leiter, halb im, halb außerhalb des Wassers, und schnaufte und prustete wie ein Walross, wann immer eine Welle sie überspülte.

„Ha, das ist mir zu kalt! Brrrrr ...", protestierte sie. „Wie macht ihr das nur?"

Die anderen schwammen um sie herum, jungen Delfinen gleich, und bespritzten sie lachend mit Wasser.

„Komm schon, trau dich! Lass einfach los!", riefen sie ermutigend.

Wieder an Bord und in Handtücher gewickelt, stürzten sie sich alle über die Köstlichkeiten, die Hans aus der Kombüse hervorgezaubert hatte. Es gab Thunfisch in allen Zubereitungsarten: getrocknet, in Öl eingelegt, geräuchert, in der Pfanne gebraten. Dazu frische Strauchtomaten und Vermentino-Weißwein.

„Göttlich“, sagte Serafina, während sie sich den Teller noch einmal nachfüllte.

„Thunfisch hier in Carloforte ist etwas ganz Besonderes“, erklärte Hans. „Hier wird sogar noch der Thunfisch einmal im Jahr in der Regel im Frühsommer teilweise nach der traditionellen Methode gefangen. Dazu wird der Thunfischschwarm in Netze getrieben, die verschiedene Kammern bilden. Die Fische wurden in der Vergangenheit in der letzten, sogenannten Todeskammer, von den Fischern regelrecht erschlagen, daher der Name Mattanza, aus dem Spanischen von Töten. Es war zugegebenermaßen eine ziemlich blutige Angelegenheit. Das Meer verfärbte sich rot dabei. Nichts für Dünnbesaitete. Falls ihr die Gelegenheit habt, schaut euch den Film „Stromboli“ mit Ingrid Bergmann an, da bekommt man einen guten Eindruck davon. Heute dagegen werden die einzelnen Thunfische in die Boote gehievt und getötet. Natürlich ist die durchindustrialisierte Hochseefischerei auch nicht wirklich humaner, nur sieht man normalerweise nicht, was dort vor sich geht. Und wer mehr Schaden anrichtet ist bekannt“, sagte er nachdenklich.

„Es ist wirklich bedauerlich, dass ihr ein bisschen zu spät angereist seid. Anfang Juni findet in Carloforte das jährliche Thunfisch-Festival *Girotonno* statt. Da bereiten die besten Köche der Welt exquisite Thunfischgerichte vor. Sie kommen aus Japan, Peru, Europa, und der ganze Ort quillt vor Leben, mit Musik und Unterhaltung aller Art. Vielleicht klappt es ja nächstes Jahr!“

Es war nun schon Nachmittag. Die Gesellschaft sonnte sich ein bisschen auf Deck, und Serafina und Carlo sprangen vor der Rückfahrt noch ein letztes Mal ins Wasser.

Die verbleibenden Tage auf der Insel vergingen wie im Fluge, obwohl Serafina und Elisa kein wirkliches Programm mehr hatten. Sie verbrachten noch zwei Nachmittage am Strand, schlenderten ansonsten durch den Ort und zu dem ehemaligen Salinen-See und den Flamingos oder saßen auf den Bänken am Ufer und schauten aufs Meer und Sardinien, dessen Gestade man in der Ferne erspähen konnte. Zwischendurch aßen sie Eis und Pizza in rauen Mengen, je nach Tageszeit, und waren Stammgäste in der Bar, wo sie ihren Ankunftsaperitif eingenommen hatten.
„Davon kann man zu Hause nur träumen“, schwärmte Elisa.
„In der Tat, das nenne ich die Seele baumeln lassen. Wie gut das tut!“, pflichtete Serafina ihr bei und schloss genießerisch die Augen, um sich das Gesicht von der warmen Sonne bestrahlen zu lassen.
Am Montagmorgen traten sie die Rückreise an. Sie waren betrübt, dass die Zeit derart rasch verflogen war, doch glücklich über das Erlebte.
„Es gibt wirklich das Paradies auf Erden! Wahrlich eine Insel der Glückseligen. Man muss nur wissen,

wo man danach suchen muss. Ähnlich wie bei meiner Suche nach Greta“, dachte Serafina, als sie zufrieden wieder im Flugzeug saßen.

Die Suche geht weiter

Serafina kehrte beschwingt in ihr Studentendasein zurück und nahm mit frischer Energie ihre nächtlichen außerkörperlichen Reisen und Nachforschungen auf. Sie wollte Greta unbedingt persönlich begegnen, um sicherzustellen, dass es ihr wirklich gut ging.

„Sehr beschäftigt hin oder her, Greta wird ja wohl ein paar Minuten Zeit für ihre beste Freundin haben", dachte Serafina, beinahe ein bisschen verstimmt.

Doch dann wurde ihr bewusst, welches Geschenk des Himmels es war, überhaupt zu wissen, dass Greta wohlauf war und ... lebte! Zerknirscht ob ihrer Undankbarkeit war sie nun vollends schlecht gelaunt und beschloss, eine Runde draußen laufen zu gehen.

Nach zwei Stunden kehrte sie müde und definitiv wieder besser gestimmt nach Hause zurück. Omar und Theodora, ihre zweite WG-Mitbewohnerin, waren in der Wohnküche und kochten gemeinsam eine indische Reispfanne mit Huhn, frischem Koriander und Ingwer. Der Duft von Curry und

anderen orientalischen Gewürzen reichte bis ins Treppenhaus.
„Hallo Fina! Da bist du ja, gerade zur rechten Zeit! Möchtest du mit uns zu Abend essen?“, fragte Theodora.
„Zur rechten Zeit ist gut! Ich hätte nur der Duftspur folgen können und hätte euch vom anderen Ende der Stadt gefunden!“
„Haha, wie Jean-Baptiste Grenouille im Parfüm, nur völlig unblutig und gekrönt mit einem Happy End: einem dampfenden Teller Basmatireis!“, scherzte Theodora.
„Das Angebot nehme ich gerne an, es riecht wirklich super gut. Ich dusche nur geschwind und decke dann den Tisch“, entgegnete Serafina; die gute Laune war ansteckend.
Theodora war eine stramme Münchnerin, dunkelblondlockig und blauäugig. Omar neckte sie häufig und sagte, sie sei in Marburg ins Exil gegangen, da sie in München zu viele Männerherzen gebrochen habe. Sie machte ihren Master in neurowissenschaftlicher Psychologie und liebte es, zu

kochen, da sie selbst aus einer Gastwirtsfamilie stammte. Manchmal sagte sie so ulkige Dinge wie Fleischpflanzerl, Erdäpfel oder Zwetschgendatschi, über die sich Serafina und Omar immer kringelig lachen konnten. In Omar hatte sie den perfekten Kochpartner gefunden, denn auch er liebte den Umgang mit Töpfen und Kasserollen. Omar meinte, das Kochen hätte für ihn etwas Schöpferisches und Meditatives, und noch dazu konnte man das Endergebnis essen.

Zu Tisch aßen die drei mit gesegnetem Appetit das selbst gekochte Menü. Dazu floss ein gutes bayerisches Kraftbier, das Theodora bei ihrem letzten Heimatbesuch von zu Hause mitgebracht hatte.

Nach vollbrachter Tat saßen sie noch eine Weile um den Tisch herum, hörten Musik und plauderten. Dabei kam Serafina auf einen Artikel zu sprechen, den sie zufällig in einer wissenschaftlichen Zeitschrift entdeckt hatte.

„Sag mal, Theodora, sagt dir der Begriff Mikrotubuli eigentlich etwas?“, fragte sie beiläufig.

„Oh ja, das ist ein spannendes Thema! Vor allem ein amerikanischer Neurowissenschaftler aus Arizona, Direktor des Zentrums für Bewusstseinsstudien, hat sehr Interessantes dazu entdeckt. Wie kommt es, dass du dich dafür interessierst?“, fragte sie neugierig.
„Also es ist mehr ein privates Interesse. Ihr wisst doch, dass meine beste Freundin Greta vor wenigen Monaten verstorben ist. Es war total schrecklich. Seitdem beschäftige ich mich vermehrt mit Studien zu Nahtoderfahrungen und Ähnlichem. Ihr Tod hat mich sozusagen aufgerüttelt, mich mit einem Tabuthema unserer westlichen Gesellschaft zu befassen. Und da bin ich eben auf besagte Mikrotubuli gestoßen.“
„Ah ja, das verstehe ich, und das passt dann auch wiederum ins Bild. Das mit deiner Freundin tut mir nach wie vor echt schrecklich leid“, meinte Theodora betroffen.
„Ich danke dir, Theodora, ich weiß. Ihr beide habt mir wirklich enorm geholfen in der schweren Zeit“, entgegnete Serafina und berührte sanft ihre Hand, die auf dem Tisch lag. Dabei dachte sie dankbar daran,

dass die beiden immer etwas Gutes im Ofen für sie aufgehoben hatten, da sie oft erst spät abends völlig entkräftet aus der Klinik nach Hause gekommen war.

„Also diese Tubuli, die befinden sich in allen Zellen des menschlichen Körpers und verarbeiten molekulare Informationen. Der Professor aus Arizona, von dem ich erzählte, hat herausgefunden, und nicht nur er, sondern noch eine ganz Reihe anderer Koryphäen, dass aufgrund der Quantenverschränkung und -nonlokalität jeder einzelne Punkt im Raum und sogar der Raum selbst Informationen übermittelt. Somit könnten die Informationen in den Mikrotubuli mit dem gesamten Universum und allem, was danach kommt, verknüpft sein."

„Wow", sagten Omar und Serafina wie aus einem Munde.

„Das ist ja ungeheuerlich! Es erinnert mich an das kosmische Bewusstsein, von dem der Buddhismus spricht. Ist das auch wissenschaftlich bewiesen? Warum spricht man nicht mehr darüber?", fragte Serafina überrascht.

Da schaltete sich Omar ein.

„Ja, wenn dem so wäre, gilt es natürlich, die Resistenz der landläufigen Wissenschaft zu überwinden, die nicht immer sehr offen für Neuerungen ist. Dabei ähnelt sie übrigens sehr unseren monotheistischen Religionen. Erinnerst du dich, Serafina? Wir sprachen letztens darüber. Man hört ja bereits seit vielen Jahren von der Quantenmechanik."

„Oh ja, unbedingt, ich erinnere mich sehr gut", erwiderte Serafina. „Wie heißt noch der Wissenschaftler? Ich will mir seine Theorie noch einmal in Ruhe zu Gemüte führen", fragte sie zu Theodora gewandt.

„Hameroff, wenn ich mich nicht irre. Ich kann sicherheitshalber morgen noch einmal nachschauen."

„Uuuhhh", sagte Omar sich streckend und herzhaft gähnend. „Das kosmische Bewusstsein hat mich völlig erschlagen. Ich glaub, ich haue mich langsam in die Koje. Bis morgen dann, liebe Damen! Gute Nacht und wohl zu ruhen."

Theodora und Serafina blieben noch eine Weile sitzen und lauschten der melodischen Jazzmusik von Anouar Brahem, die Theodora heruntergeladen hatte. Dann gingen auch sie schlafen.

In der darauffolgenden Nacht hatte Serafina gegen fünf Uhr morgens eine weitere außerkörperliche Erfahrung, die erste nach mehreren Tagen. Sie war höchst erfreut, wieder auf Leander Lux zu treffen, der sie herzlich begrüßte. Diesmal befanden sie sich in einer anderen Umgebung, die einem Palmengarten ähnelte. Dazwischen wuchsen kleine Inseln von Orangen- und Zitronenbäumen, welche die Luft mit dem zarten aromatischen Duft ihrer Blüten erfüllten.

„Es freut mich, dich wiederzusehen!“, übermittelte Leander seine Gedanken.

„Danke, ich freue mich auch sehr! Wie geht es Greta? Hast du Nachrichten von ihr? Und ich habe noch so viele Fragen an dich nach unserem letzten Gespräch.“

„Deshalb bin ich hier. Lasse uns einen kleinen Spaziergang machen, während wir uns unterhalten. Greta geht es sehr gut. Sie sendet ihre wärmsten Grüße. Hoffentlich kannst du sie bei deinem nächsten

Besuch treffen. Womit kann ich sonst noch dienen? Du sagtest etwas von vielen Fragen“, sagte Leander aufmunternd. „Danke, es freut mich riesig, dass es Greta gut geht. Ich bin echt total erleichtert. Also, diese Geschichte mit den Bewusstseinsebenen, die man nach dem Tod erreicht, von denen du letztens sprachst. Wie geht das genau vor sich? Ich habe Schwierigkeiten, mir das vorzustellen.“

„Das Wichtigste zuerst“, antwortete Leander ernst, während sie langsam unter den Palmen lustwandelten. „Das, was ihr auf der Erde als Tod bezeichnet, gibt es nicht. Wir alle sind unsterblich, denn wir sind Bewusstsein. Man sollte statt vom Tod wohl eher vom Ende eines Kapitels in einem unendlichen Buch sprechen. Das irdische Leben ist nicht mehr als ein klitzekleiner Tropfen in einem uferlosen Meer. Am Abschluss des Erdendaseins wird die ohnehin temporäre Hülle des Körpers verlassen und das Bewusstsein kehrt in einen grenzenlosen Raum zurück.

Nun ist es aber von großer Bedeutung, in welchem mentalen Zustand man sich während der letzten

Lebensphase befindet, da dieser Zustand wiederum unsere weitere Reise in den nächsten Raum beeinflusst."

„Du meinst, man sollte sich darauf vorbereiten, wie auf eine Urlaubsreise, so mit Reiseführer, Kofferpacken und allem?", fragte Serafina forschend.

„Ja, so ähnlich", lachte Leander. „Doch statt Kofferpacken würde ich eher Kofferentleeren sagen. Erinnerst du dich an unser letztes Gespräch, in dem wir über die Dinge sprachen, die uns am Irdischen festhalten? Das meine ich damit. Stell dir vor, du willst eine lange Reise unternehmen, wobei du nicht weißt, wann und ob du zurückkehren wirst. Da wirst du dich mit Sicherheit von deinen Lieben verabschieden, alle offenen Rechnungen bezahlen, die Zimmerpflanzen verschenken, Zeitungsabonnements abbestellen, jemanden die Wohnungsschlüssel hinterlassen, um daraufhin mit gutem Gewissen fortzugehen. So ähnlich ist es auch beim Abschluss des Lebens: Man versucht, keine unerledigten Geschäfte zurückzulassen. Das hilft dabei, leichten Herzens vom Körper und dessen

Bedürfnissen Abschied zu nehmen. Manch einer identifiziert sich derart mit dem eigenen Körper, dass eine friedliche Trennung kaum möglich ist. Auch sehr enge Beziehungen zu Personen, Dingen, Gewohnheiten oder sogar Umgebungen können uns eine sanfte Abreise erschweren."

„Das leuchtet mir in gewisser Weise ein", sagte Serafina. „Und was passiert, wenn man z. B. seinem alten Heimathaus zu stark verbunden ist?"

„Es kann passieren, dass man in den unteren Energieebenen in der Nähe seines Hauses oder im Haus selbst stecken bleibt, wie ein Irrlicht gefangen in einer Zwischenwelt. Oder es kann passieren, dass das Bewusstsein ein genaues Replikat des Verlassenen erschafft und es dort ‚weiterlebt'. Ich sage nicht, dass das falsch oder richtig ist. Es entspringt allerdings einem Mangel an Erkenntnis dessen, was das Bewusstsein nach dem Verlassen der Erde alles erleben könnte. Es ist gerade so, als schenkte dir jemand einen Besuch auf einer traumhaften Karibikinsel, doch du zögest es vor, in den eigenen vier Wänden zu bleiben, aus Furcht vor dem Unbekannten."

„Und wie kann man dieses Loslassen üben?", fragte Serafina gespannt. „So wie es klingt, ist es wohl einfacher, das Nichtfesthalten beizeiten zu trainieren und nicht auf die letzte Minute zu verschieben."

„Ja, sicherlich. Es ist bestimmt hilfreich, regelmäßig mentalen Abstand zu nehmen von den eigenen Sorgen und Bemühungen, aus sich herauszutreten und quasi als Beobachter seiner Selbst, als unparteiischer Zuschauer, das eigene Leben aus der Vogelperspektive zu betrachten. Das hilft, klarere Entscheidungen zu treffen und sich nicht zu vorschnellen Handlungen hinreißen zu lassen."

„Apropos Klarheit: Eines ist mir überhaupt nicht klar. Warum kommen wir überhaupt auf die Erde, wenn es so nette Sphären gibt, in denen man ein sorgenfreies Dasein führen kann?"

„Ja, sehr wahr! Vergiss jedoch nicht, dass die Zeit nicht existiert. Es besteht keine Eile, irgendetwas zu tun oder zu lassen. Es kommt der Moment, wo man etwas anderes machen möchte. Darum wählen wir die irdische Erfahrung, um bestimmte Dinge sprichwörtlich am eigenen Leib zu erleben. Das Eintreten in die dreidimensionale Existenz ist eine große Beschränkung des vorherigen Seinszustandes: der nun einengende Körper, die zwischenmenschliche, häufig sprachliche Kommunikation, die man erst erlernen muss, das eingeschränkte Blickfeld. Deshalb schlafen Säuglinge in ihren ersten Lebensmonaten auch so viel, um sich an die neuen Umstände zu gewöhnen. Und kleine Kinder erinnern sich oft noch sehr gut an ihre frühere Existenz oder ihren früheren Aufenthaltsort.

Das Irdische dient dazu, Verantwortung zu übernehmen für das eigene Denken, Sprechen und Handeln. Du weißt, dass außerhalb der Erde die Gedanken konkret unsere Realität erschaffen, manche mehr, manche weniger. Somit gibt es keine bessere Schule, um zu üben, mit unseren Gedanken verantwortungsvoll umzugehen, in einem sicheren Raum, da auf der Erde die Gedanken nur mittelbar die Wirklichkeit erschaffen, sozusagen mit einem eingebauten Sicherheitspuffer“, erklärte Leander lächelnd.

„Hast du dich selbst oder andere einmal beobachtet, wie leicht ihr euch von euren unordentlichen Gedankengängen beeinflussen lasst? Hin und her getrieben, wie ein Schiff im Sturm, oft steuer- und führungslos, mal auf, mal ab, mal hierhin, mal dorthin. Die Gedanken speisen Emotionen, aus denen Handlungen entstehen, die wiederum einen direkten, formenden Einfluss auf unsere Umwelt haben.

Denke nur an eine Mutter, die ihr Kind liebend umsorgt und dadurch zu seinem Glück beiträgt, oder an einen cholerischen Chef, der seine Mitarbeiter drangsaliert und somit unmittelbar deren Wohlergehen beeinträchtigt, um nur ein paar harmlose Beispiele zu nennen. Die Erde ist also das ideale Umfeld, um die Zähmung der eigenen Gedanken bzw. Gefühle zu üben. Je besser dies gelingt, desto besser wird es auch den jeweiligen Mitmenschen gehen, und so weiter.“

„Ja, das kann ich gut nachvollziehen. Erst vor Kurzem habe ich morgens den Bus zur Uni genommen, und der Fahrer war super ruppig zu den Fahrgästen und öffnete nicht wieder die Tür für Leute, die ihm an der Haltestelle winkend bei strömenden Regen entgegenliefen, als er bereits die Bustür geschlossen hatte und losfahren wollte. Der hat allen Fahrgästen gleich am frühen Morgen die Laune verdorben.

D. h., wir alle sind miteinander verbunden in einem Netz geknüpft aus unserer aller Gedanken und Verhaltensweisen. Ganz schön mächtig, wenn man denkt!" Serafina schwieg, um sich das Gedachte bildlich vorzustellen. Es war überwältigend.

„Leander, du sagtest, *wir* wählen die irdische Erfahrung. Wie kann ich das verstehen? Heißt das, wir wissen, worauf wir uns im Leben einlassen? Das würde ja bedeuten, das es tatsächlich so etwas wie eine Wiedergeburt oder Reinkarnation gibt!", rief Serafina überrascht.

„Ja genau, dem ist in der Tat so", erklärte Leander. „Wir wählen unsere zukünftige Lebenslinie mit einem oder zwei Hauptthemen aus. Diese können z. B. darauf fußen, ein Ästhetiker, Analytiker oder

Friedensstifter zu werden oder ein Kritiker, Intellektueller oder Krieger. Wir entscheiden zwischen verschiedenen Möglichkeiten der Erfahrungen sowie dem familiären und häuslichen Umfeld, weil wir bestimmte Dinge persönlich erleben möchten. Bei Eintritt in die Erdatmosphäre erinnern wir uns nicht mehr bewusst an unseren Plan, den wir im Laufe der Existenz durchleben. Noch offene Themen aus vorangegangenen Erderfahrungen werden häufig in weiteren Leben fortgesetzt. Deshalb trifft man oft erneut mit ehemaligen Familienmitgliedern zusammen, wenn auch in unterschiedlichen Konstellationen, d. h., die frühere Mutter wird unter Umständen der zukünftige Sohn, die Tochter der Vater, und so weiter. Die Haupterfahrungen und -lehren einer jeden Existenz werden nach Beendigung des Lebenskapitels noch einmal rekapituliert.

Liebe Serafina, nun muss ich leider wieder los. Ich hoffe wirklich, dass du nächstes Mal Greta treffen kannst. Ich weiß, wie sehr du dich nach ihr sehnst“, sagte er, umschloss Serafina in einer telepathischen, wohlwollenden Abschiedsumarmung und verschwand. Serafina fand sich, geistig angeregt doch körperlich erschöpft, in ihrem heimischen Bett wieder und schlief umgehend ein. „Die Niederschrift des Erlebten muss diesmal bis morgen warten“, war ihr letzter Gedanke.

Der Philosoph und die Seele

Am nächsten Morgen durchlief Serafina das Erlebte noch einmal in Gedanken und machte sich einige Notizen. Dann begab sie sich auf den Weg zur Universität. Sie hatte sich eingeschrieben für ein Seminar zu Platos Phaidon, das ihr Kommilitonen empfohlen hatten.

Der Seminarraum war mit fünfundzwanzig Studenten für einen „alten" Philosophen gut gefüllt. Serafina setzte sich neben einen jungen Mann mit einer blau gefärbten Haarsträhne im schwarzen Schopf und wartete auf das Erscheinen der wissenschaftlichen Mitarbeiterin Frau Sinnig, einer Promotionsstudentin Mitte zwanzig mit Sommersprossen und einem rotbraunen Zopf. Nach wenigen Minuten betrat diese den Raum und wühlte in ihrer Aktentasche nach dem quakenden Handy, da der Klingelton die Laute einer Ente nachahmte. Als sie es gefunden hatte, schaltete sie es kurzerhand aus.

„Nun aber genug Entengeschnatter und hin zu wichtigeren Dingen", begrüßte sie die Anwesenden schwungvoll. „Es freut mich, dass Sokrates bzw. Plato, der Sokrates' Dialoge maßgeblich verbreitete, wieder in Mode zu kommen scheint! Tatsächlich sind Sokrates' Lehren gerade von höchster Aktualität, und das, unglaubliche 2416 Jahre nach seinem Todesurteil, und ich sage Ihnen auch, warum.

Sokrates hatte bereits damals ein tiefes Misstrauen der Staatsform Demokratie gegenüber, nicht prinzipiell, sondern, weil er fürchtete, dass die wählenden Bürger nicht immer in der Lage waren, den besten Vorsitzenden für sich und das Wohl ihrer Gemeinschaft auszusuchen. Er verglich dabei eine Gemeinschaft mit einem Schiff und fragte, ob man als Steuermann irgendjemanden auswählen würde oder doch lieber eine Person, die der Seefahrt mächtig ist und die Gesetze des Meeres und der Navigation beherrscht. Wenn man sich im Jahr 2017 ein bisschen auf der Welt umschaut, kann man ihm in seiner Sorge nur recht geben. Nicht alle derzeitigen Staatsvorsitzenden sind fähige Kapitäne, um es gelinde auszudrücken.

Aber nun zurück zum eigentlichen Thema dieses Seminares, da ich etwas abgeschweift bin: Phaidon oder die Unsterblichkeit der Seele. Im Phaidon gibt Plato einen Dialog wieder, den Sokrates mit seinen Freunden hielt, bevor er durch das Giftgetränk starb, zu dem ihn seine Athener Mitbürger verurteilt hatten. Sokrates spricht hierin von der Unsterblichkeit der Seele.

Ich werde Ihnen nun ein paar Stichpunkte zu Sokrates' Thesen geben, bevor Sie eine eigene Studie des Textes anfertigen.

Laut Sokrates lebt die unsichtbare Seele in einem sichtbaren Körper, der nach Nahrung, Lust, Vergnügen, Geld und Macht strebt und dabei Kriege und Leid verursacht. Die Seele dagegen ist Teil der göttlichen Idee des Guten. Leider nur vergisst die Seele beim Eintreten in den menschlichen Körper diese Erkenntnis. Es besteht jedoch die Möglichkeit, dass sich die Seele zurückerinnert an frühere Existenzen oder auch an den vor der Geburt gewählten Entwicklungsweg. Außerdem sind Vorstellungen des Schönen, Gerechten und Guten

bereits in uns, und auch dieses Wissen weist auf eine Existenz der Seele vor dem Leben hin.
Der Körper stellt dabei ein Hindernis dar aufgrund eben dieser weltlichen Zerstreuungen und Begierden, denen er sich nur zu gerne hingibt. Damit hemmt der Körper die Seele am Aufstieg zum göttlichen Licht der Wahrheit.
Nach dem Tod jedoch stehen der Seele verschiedene Wege offen. Sollte sie sich zu sehr mit dem Körper und seinen Verlangen identifiziert haben, wird die Seele möglicherweise auf der Erde gleich einem Schattenbild herumirren. Doch die Seele kann nach dem Ableben auch wieder frei werden und, je nach Lebenswandel, in einer tierischen oder menschlichen Form wiedergeboren werden oder, bei besonders guter Führung, d. h. nach einem Leben als aufrichtiger Weisheitsliebender, eingehen in das göttliche Licht."
Serafina lauschte den Ausführungen der Dozentin mit wachsendem Erstaunen. Das Gehörte ähnelte in vielfältiger Weise ganz den Worten Leanders, die sie

noch gestern Nacht vernommen hatte. Wie merkwürdig.

„Sokrates erklärte seinen Freuden außerdem, dass er selbst sich nicht mehr blind auf die Naturwissenschaften verlassen würde, da diese häufig den Fehler begingen, nicht zu unterscheiden zwischen der Notwendigkeit einer Sache und ihrer Ursache. Nach dieser kurzen Einführung möchte ich Sie nun bitten, den Aspekt des gleichzeitigen Vorhandenseins von Gegensätzen in Platos Dialog zu analysieren“, sagte Frau Sinnig und ließ die Studenten die verbleibende halbe Stunde in Ruhe arbeiten.

Nach dem Seminar hatte sich Serafina mit Theodora, ihrer Mitbewohnerin, in der Mensa verabredet. Sie holten sich jede einen Teller Gemüsecouscous und setzten sich an einen der freien Tische.

„Wie war dein Morgen?“, fragte Serafina Theodora neugierig.

„Interessant muss ich sagen. Ich hatte eine Vorlesung über Kinderpsychologie.“

„Das passt ja wie die Faust aufs Auge!“, rief Serafina erfreut. „Ich wollte dich nämlich fragen, ob du aus deinem Studium zufällig weißt, ob so etwas wie ein Gefühl für Gerechtigkeit und Schönheit angeboren ist. Darüber sprachen wir gerade in einem Seminar über Sokrates."

„Es gibt dazu tatsächlich ganz interessante, neuere Studien. Dabei werden Kleinkindern, manche können noch nicht einmal richtig sprechen, d. h. teilweise im Alter von fünf bis acht Monaten, gespielte Szenen mit Plüschtieren gezeigt, in denen sich manche der Tiere fair und andere schlecht benehmen. In einem anderen Fall wurde Puppen Spielzeug oder Gebäck gestohlen. Die Forscher haben herausgefunden, dass die Kinder immer auf der Seite der Opfer waren und das freundlichere Plüschtier dem bösen vorzogen. Dabei wurden sie vor allem von Mitgefühl bewegt und wollten, dass es dem Opfer wieder gut geht. Man hat festgestellt, dass Kinder bereits im fünften Lebensmonat einen Gerechtigkeitssinn entwickeln. Nun ist es weiterhin umstritten, ob dieser erlernt wird oder aber, angesichts des sehr jungen Alters der Kinder, angeboren ist.

Zur Erkenntnis der Schönheit weiß ich nur von einer Freundin, deren Tochter im Libanon aufwuchs, dass das Mädchen, bereits als es ganz klein war, auf ausgebombte Hochhäuser zeigte und „Böse!“ sagte im Sinne von hässlich.“

„Echt spannend! Sokrates sah das Vorhandensein eines Schönheits- und Gerechtigkeitssinn als einen möglichen Beweis der Unsterblichkeit der Seele. Wer weiß, vielleicht werden wir irgendwann mehr darüber wissen“, sinnierte Serafina. Den Rest des Tages verbrachten beide in der Bibliothek, um diverse Hausarbeiten anzufertigen.

Vom Affen, dem Hai und der Schildkröte

Am Samstagabend hatte Theodora ihren alten Schulfreund Orlando zum Abendessen eingeladen. Orlando studierte in Gießen Biologie und hatte eine Leidenschaft für Zoologie und Ozeankunde. Gemeinsam mit Omar machte Theodora sich in der Küche zu schaffen, um eine ihrer leckeren Mahlzeiten zuzubereiten. Diesmal sollte es als Vorspeise hausgemachten Kichererbsen-Hummus und Avocado-Guacamole geben, gefolgt von Kabeljau mit Saisongemüse aus dem Ofen. Serafina hatte sich schon den ganzen Tag auf den Abend gefreut, nicht zuletzt, weil sie Orlando über Theodora schon öfters getroffen hatte und sie seine ungezwungene, humorvolle Art sehr mochte.

Orlandos Vater kam aus Argentinien, wobei seine Familie ursprünglich aus Süditalien stammte. Aufgrund der schlechten wirtschaftlichen Lage des Landes war der Vater nach Europa zurückgekehrt und hatte in Starnberg die Tochter seiner damaligen Vermieterin geheiratet. Orlando war in Regensburg geboren, wuchs aber mehrsprachig auf, da sein Vater großen Wert darauf legte, das kulturelle Erbe seiner Familie an seinen Erstgeborenen weiterzugeben.

Um Punkt neunzehn Uhr klingelte es an der Wohnungstür und ihr Gast trat mit Elan in die Wohnküche. Er hatte seinen Schlafsack unter den Arm geklemmt, da er auf der Couch übernachten würde, und einen kleinen Rucksack über die Schulter geschwungen. Wie er so dynamisch in die Wohnung trat, hatte man den Eindruck, er wollte umgehend zu einer Afrikaexpedition aufbrechen, beschuht wie er war mit robusten Wanderstiefeln und einem Sonnenhut, der mit einem Lederband befestigt an seinem Hals über dem Rücken hing. Orlando hatte blondes, etwas struppiges Haar und schelmisch blitzende braune Augen.

Er umarmte alle WG-Bewohner herzlich.

„Freunde, schön, euch zu sehen! Und wie gut es bei euch duftet!“

Er spähte in den Ofen und pfiff anerkennend. Dann holte er zwei Flaschen Rheinwein und eine Schachtel Pralinen aus seinem Rucksack und überreichte sie

Theodora feierlich mit einer angedeuteten Verneigung.

„Ein Tropfen in Ehren und ein wenig Konfekt für die Damen. Vielen Dank für eure Einladung! Nächstes Mal müsst ihr aber unbedingt alle nach Gießen kommen. In ein paar Wochen sind meine Mitbewohner verreist, und sie haben bereits zugestimmt, ihre Betten dem Besuch der sieben Zwerge zur Verfügung zu stellen."

Sie setzten sich an den runden Küchentisch und aßen mit Genuss die Vorspeisen.

„Und, wie läuft es bei dir so?", fragte Omar ihren gemeinsamen Bekannten. „Gibt es wieder neue Geschichten aus dem Zoo?"

Er spielte dabei auf Orlandos Praktikum an, das dieser gerade im Frankfurter Zoo absolvierte.

„Aber immer! So eine Menagerie ist wie ein Mikrokosmos der großen weiten Welt. Ich hatte letzte Woche im Affenhaus zu tun. Ich kann euch sagen! Eine Affenmutter kann im Moment ihr Kleines nicht ernähren und nun nehmen die Tierpfleger abwechselnd das Affenbaby über Nacht mit nach

Hause, jeweils für eine Woche. Ein Bekannter sagte, seine Freundin habe ihn vor die Wahl gestellt: das Affenbaby oder sie. Sie hält den Stress mit dem Schimpansen nicht mehr aus. Da ist sprichwörtlich der Affe los! Aber niedlich ist der Kleine, unglaublich."

Er zeigte ihnen reihum Fotos auf seinem Smartphone. Vor allem Theodora und Serafina waren begeistert.

„Schade, dass du das Äffchen nicht mal mit zu uns bringen kannst", meinte Theodora bedauernd.

„Und was macht deine Forschungsarbeit über die langlebigsten Tierarten auf der Erde? Gibt es neue Erkenntnisse?"

„Ja, da bin ich ein paar Schritte weitergekommen. Es gibt wohl auf St. Helena die älteste derzeit noch lebende Riesenschildkröte. Sie heißt Jonathan und ist stolze 182 Jahre alt. Ich würde sie gerne einmal besuchen, doch ist die Insel ziemlich weit weg. Auf der Nachbarinsel Ascension legen dagegen die grünen Meeresschildkröten ihre Eier. Dazu schwimmen sie über 2000 km von Brasilien geradewegs zurück zu ihrem Geburtsstrand, indem sie dem Erdmagnetfeld folgen. Wirklich erstaunlich. Das älteste Wirbeltier ist vermutlich der Grönlandhai mit bis zu 400 Jahren, gefolgt von einer Vorgängerin der besagten Riesenschildkröte, die im Jahr 2006 starb. Dann kommt wohl der Buckelwal mit mehr als 200 Jahren, der, wie der Hai, in arktischen Gewässern lebt, gefolgt vom Stör. Der Mensch gehört eher zu den Schlusslichtern, doch die Liste wird weiterhin erweitert."

„Hatten nicht auch irgendwelche Schwämme ein sehr langes Leben?", meinte sich Serafina zu erinnern.

„Ja, streng genommen sind womöglich Glasschwämme die ältesten Lebewesen, obwohl sie ein sehr geruhsames Dasein verbringen und sich überhaupt nicht von der Stelle bewegen. Dafür halten sie es dort aber auch bis zu 10.000 Jahren aus", erklärte Orlando lachend.

„Das heißt, sich möglichst wenig bewegen und eine eiskalte Umgebung sind die Mittel für ein langes Leben", kommentierte Serafina.

„Darauf stoßen wir an", sagte Theodora gut gelaunt und erhob ihr Glas. „Auf die Schwämme!"

„Auf die Schwämme, auf dass sie ewig leben!“, entgegnete Omar und alle lachten.
„Es ist schon erstaunlich, wie wenig wir über unsere Welt wissen, obwohl wir uns selbst immer als die Krone der Schöpfung bezeichnen. Ziemlich anmaßend“, meinte Serafina, nun wieder nachdenklich geworden.
„Stimmt, das Studium der Tier- und Pflanzenwelt lehrt mich immer wieder Demut“, entgegnete Orlando, und die anderen stimmten ihm zu.
Auch in ihren Studiengängen entdeckten sie viel Spannendes, von dem der normale Mensch kaum etwas mitbekäme.
Während sie den Fisch aus dem Ofen holten, erzählte Omar von einer Sendung, die er jüngst im Fernsehen gesehen hatte. Dabei wäre es um den Klang gegangen, die Möglichkeiten, mit Klang oder Schall zu heilen, die Formen, die durch Klang entstehen, sogenannte kymatische Bilder, oder die Fortbewegung durch Klang.
„Wie meinst du das, Fortbewegung?“, hakte Theodora nach.

„Es wurde ein Blinder gezeigt, der Fahrrad fuhr und seine Umgebung beinahe exakt durch Schnalzlaute identifizieren konnte. Je nachdem, wie weit der Klang seiner Schnalzlaute getragen wurde, konnte er Hindernisse ausmachen und umfahren oder die Beschaffenheit einer Pergola nachzeichnen. So ein bisschen wie Fledermäuse mit ihrem Sonar."

„Ein starkes Stück! Schade, dass diese erstaunlichen Dinge nicht viel mehr Verbreitung finden. Alles dreht sich immer um schockierende Nachrichten und den täglichen Wahnsinn unserer Welt. Gut, dass es auch noch anderes gibt", meinte Theodora erleichtert.

„Ja, es besteht Hoffnung", bestätigte Orlando.

Die Freunde widmeten sich daraufhin dem Kabeljau, den Omar schmackhaft auf ihren Tellern angerichtet hatte.

„Buon appetito!", sagte Serafina in die Runde und zwinkerte Orlando zu.

Die Mauer in der Dunkelheit

Einige Tage später ging Serafina mit der festen Absicht schlafen, wieder eine außerkörperliche Erfahrung zu erleben. Wie gewohnt entspannte sie ihren Körper vollständig und visualisierte dann das Bild eines Heißluftballons, mit dem sie sanft und leicht gen Himmel flog. Alles lief nach Plan und ihr Bewusstsein trennte sich problemlos von ihrem Körper.

Anders als sonst fand sie sich nicht in einer farbenfrohen, heiteren Umgebung wieder. Stattdessen war sie umgeben von zäher pechschwarzer Dunkelheit. Serafina vermeinte, gegen ein Hindernis zu stoßen. Sie näherte sich der Barriere erneut und versuchte, sie zu überwinden. Es schien sich um eine hohe Mauer zu handeln, ohne eine Möglichkeit, sie zu übersteigen oder zu umgehen. Ein Gefühl der Furcht breitete sich in ihr aus. Panikartig versuchte sie abermals, durch die Wand durchzudringen, ohne Erfolg. Je häufiger sie dagegen anpreschte, desto öfter wurde sie zurückgeworfen. Es war wie verflixt. Nach einer gefühlten halben Ewigkeit brach Serafina ihre Versuche ab und kehrte in ihren Körper zurück. Sie war schweißgebadet, demoralisiert und völlig entkräftet. Sie konnte sich das Vorgefallene nicht erklären. Zu verängstigt, um einen weiteren Versuch zu wagen, döste sie unruhig vor sich hin.

Am nächsten Morgen war sie wie gerädert. Was tun? Sie erinnerte sich plötzlich Herrn Ohnesorg, den älteren Herrn, der an der medialen Sitzung vor einigen Monaten teilgenommen hatte und dessen Angebot, Serafina könne seinen Fundus zu Jenseitsstudien konsultieren. Sie beschloss, mit ihm Kontakt aufzunehmen. Herr Ohnesorg schien ihr besonnen und weitsichtig genug, um ihr möglicherweise zu helfen.

Sie rief noch am selben Vormittag bei ihm an. Er erinnerte sich sofort an Serafina und lud sie umgehend auf einen Kaffee am nächsten Nachmittag bei sich zu Hause ein.

Um sechzehn Uhr des darauffolgenden Tages traf Serafina bei Herrn Ohnesorg am Stadtrand ein. Er wohnte in einem kleinen Reihenhaus unweit der

Bushaltestelle in ruhiger Lage. Vor dem Haus stand ein großer Rhododendron in voller rosaroter Blüte.

„Guten Tag Frau Morgenrot! Es freut mich, Sie wiederzusehen! Treten Sie doch bitte näher“, sagte er, während er die Haustür weit öffnete und sie das stilvoll eingerichtete Wohnzimmer betrat. Der Fußboden war mit Ahornparkett ausgelegt. An den Wänden hingen Gemälde in leuchtenden Farben, die an August Mackes expressionistische Bilder aus seiner Zeit in Tunesien erinnerten. Alles wirkte hell und aufgeräumt. Auf dem antiken Schreibtisch in der Ecke des Wohnzimmers standen ein paar holzgerahmte Fotos mit Familienbildern; Kinder strahlten in die Kamera.

„Schön haben Sie es hier!“, entfuhr es Serafina ganz spontan.

„Vielen Dank“, nahm Herr Ohnesorg das Kompliment gerne entgegen. Er hatte Serafinas Interesse für die Gemälde bemerkt.

„Die Bilder stammen von meiner Tochter. Sie ist Malerin und sucht immer Abnehmer für ihre Kunst“, schmunzelte er. „Nachdem meine Frau und ich uns

haben scheiden lassen, hat sich meine Tochter mit der Malerei sozusagen selbst therapiert. Zum Glück haben wir uns in friedlichem Einvernehmen, ohne Streit und größere Qualen getrennt. Das Ende unseres gemeinsamen Weges war einfach erreicht.
Darf ich Ihnen eine Tasse Kaffee anbieten? Ich habe auch Rosinenschnecken gekauft, die mögen Sie doch, oder?“
„Sehr gerne zu beidem“, erwiderte Serafina.
Während des Kaffeetrinkens am Wohnzimmertisch erzählte Serafina Herrn Ohnesorg, wie sie die letzten Monate seit dem Treffen bei Frau Maiblume verbracht hatte. Dabei ließ sie auch die außerkörperlichen Explorationen nicht unerwähnt, schließlich waren diese der Hauptgrund ihres Besuches. Herr Ohnesorg zeigte sich wie erwartet sehr aufgeschlossen und hörte aufmerksam zu. Am Ende ihres Berichtes schilderte Serafina ihre Begegnung mit der unüberwindlichen Mauer, der Dunkelheit und ihrer plötzlichen, panischen Angst.
„Wissen Sie, das kam so unerwartet und war so völlig anders als alle vorherigen außerkörperlichen

Erfahrungen. Ich weiß mir gar keinen Rat, denn wenn ich wieder auf diese Mauer stoße, werde ich Greta nie wiedersehen", schloss sie ihre Darstellung bedrückt.

„Frau Morgenrot, ich kann Ihre Sorge gut nachvollziehen. Ich kann nur meine eigene Erfahrung mit Ihnen teilen. Das Erscheinen einer Barrikade, wie auch immer geartet, ist so gut wie immer eine Projektion der eigenen Furcht. Es sind innere, häufig unbewusste Ängste, die Schimären oder Hindernisse erschaffen. Manch einer trifft auf Ungeheuer oder sonstige, furchterregende Fantasiegeburten. Sie werden von uns selbst erschaffen. Eingedenk dieser Tatsache kann man sie sowohl erschaffen als auch wieder abschaffen. Haben Sie keine Sorge. Stellen Sie sich das nächste Mal Ihrer Furcht und konzentrieren Sie sich auf Klarheit, Licht und Liebe. Sie können sich, wenn Ihnen das leichter fällt, auch mit einer Schutzhülle aus hellem Licht umgeben. Denken Sie immer daran, etwaige Hindernisse entspringen Ihrem eigenen Geist. Deshalb heißt es immer: Ruhe bewahren", erklärte Herr Ohnesorg aufmunternd. „Wenn Sie mögen, können Sie sich gerne ein paar Werke aus meiner Sammlung mitnehmen. Ich habe bereits alle gelesen.“

Serafina näherte sich dem Bücherregal und inspizierte die Buchrücken. Dann nahm sie vier Bände aus dem Schrank und wandte sich wieder Herrn Ohnesorg zu. „Vielen Dank für Ihre hilfreiche Beratung und auch die Bewirtung. Ich melde mich wieder, wenn ich die Bücher ausgelesen habe, und auch, um Ihnen über meine Fortschritte zu berichten.“

Als sie vor die Tür trat, wartete der Bus bereits an der Endhaltestelle. Sie verabschiedeten sich mit Handschlag voneinander und versprachen, bald wieder zu telefonieren.

Krieg und Liebe

In einer der darauffolgenden Nächte traute sich Serafina das erste Mal wieder, einen Versuch der Außerkörperlichkeit zu unternehmen. Das Erlebnis mit der Mauer und der Dunkelheit hatte sie doch ziemlich verschreckt.

Am frühen Samstagmorgen durchlief sie ihr gewohntes Entspannungsprogramm und versuchte dabei, so ruhig und fokussiert wie möglich zu bleiben. Sodann löste sie sich von ihrem Körper und driftete in einem nicht näher bestimmbaren, dunklen Raum. Plötzlich stieß sie erneut gegen ein Hindernis.

Die Mauer! Die aufkommende Panik versuchte sie, so gut wie möglich einzudämmen, und atmete tief durch. Der Schreck sollte diesmal nicht wieder die Oberhand behalten. Sie visualisierte mit aller Kraft ihrer Fantasie einen Ballon aus Licht, der sie schützend umgab: über den Kopf, an Armen und Beinen entlang, geschlossen unter ihren Füßen.

Gedanklich sprach sie die Worte „Klarheit, sofort!“ aus. In dem fertigen Ballon schwebte sie hinauf, federleicht und ohne weitere Barrieren überwand sie die Mauer, die sich vor ihren Augen in Luft auflöste. Erleichtert seufzte Serafina innerlich. Ihr fiel ein Stein vom Herzen. Diese Hürde schien überwunden. Beschwingt und zuversichtlich bewegte sie sich weiter in dem Dämmerlicht. Dabei fühlte sie sich sicher und wohl aufgehoben.

In der Ferne konnte sie ein flackerndes Licht wahrnehmen, das sich langsam auf sie zu bewegte. Den Umrissen nach schien es ein Mensch, der eine Kerze in der Hand hielt. Sie verspürte keine Angst, sondern nur ein Gefühl des Vertrauens, als ob sie die Person bereits kannte. Nein, es handelte sich nicht um Greta, die Schwingungen schienen vertrauter, wie bei einer verwandten Seele. In nächster Nähe blieb die Lichtgestalt stehen. Serafina vermeinte, einen jungen Mann zu erkennen, geschätzt nicht viel älter als sie selbst. Er übermittelte telepathisch einige Erinnerungspakete mit lebhaften Bildern und Visionen. Serafina sah vor ihrem inneren Auge ihre Mutter in jungen Jahren, Mitte zwanzig, in der Universität, wo sie ihr Studium der Jiddistik absolviert hatte. Dann nahm sie einen jungen Mann wahr, der mit ihrer Mutter lachte, sie verstanden sich wohl sehr gut. Daraufhin versank sie in einer Wolke aus Leid, Asche und Dunkelheit. Sie erlebte, wie eine Rakete mit rasender Geschwindigkeit aus dem Nirgendwo kam und den Mann traf. Mit einer ohrenbetäubenden Explosion wurde der Körper des Mannes auseinandergerissen. Blut, Schutt und Staub flog durch die Luft, Menschen schrien, Fensterscheiben zerbarsten klirrend. Es herrschte ein unbeschreibliches Chaos. Alle Menschen, die sich noch irgendwie bewegen konnten, rannten blind um ihr Leben. Tränen des Mitleids traten in Serafinas Augen.

Dann spürte sie jählings vollkommene Ruhe und Frieden, so als hätte jemand abrupt ein Fenster geschlossen und allen Lärm und Unruh der Außenwelt ausgesperrt. Bedingungslose Liebe umfing sie.

Schlagartig verstand Serafina, wer die Gestalt mit der Kerze war: Es war ihr leiblicher Vater, der ihr seine Zuneigung und sein Wohlwollen kundtat. Wärme

durchflutete ihren schwebenden Körper, Vertrauen und Hoffnung.
„Es tut mir leid, dass ich dich und deine Mutter nicht in eurem Leben begleiten konnte“, übermittelte er seine Gedanken. „Es war mir nicht vergönnt. Doch im Geiste bin ich bei euch. Ich werde Lea und dich immer lieben, meine kleine Tochter. Bitte sage es deiner Mutter.“
Völlig überraschend kehrte sie in ihren Körper zurück. Tränen rannen über ihr Gesicht, Tränen der Freude über das unverhoffte Wiedersehen, doch auch Tränen des Schmerzes und des Verlusts.
Sie hatte gerade den plötzlichen, gewaltsamen Tod ihres Vaters am eigenen Körper durchlebt, ihr Vater, von dem die Mutter immer nur erzählt hatte, er sei unerwartet vor Serafinas Geburt verstorben und sie hätte ihn selbst nur flüchtig gekannt. Aufgrund ihrer behüteten und glücklichen Kindheit hatte sie eine Vaterfigur in ihrem Leben nie wirklich vermisst.
Was war das für ein merkwürdiger Krieg, in dem ihr Vater umgekommen war? Vor ihrer Geburt?

Sie war sprachlos und gleichzeitig aufgewühlt und schockiert. Der Knall der Explosion hallte noch nach in ihren Ohren, und ihre Gliedmaßen zitterten wie Espenlaub. Schrecklich. Als hätte sie die Sprengkraft tatsächlich am eigenen Leib erfahren.
Sie schaute nach der Uhr. Es war gerade mal sechs Uhr morgens. Sie hätte am liebsten sofort ihre Mutter angerufen, doch schien es ihr unangebracht, sie so früh aus dem Schlaf zu reißen. Und was hätte sie ihr sagen wollen?
„Hallo Mama, ich habe gerade meinen toten Vater kennengelernt. Und übrigens, er wurde in die Luft gesprengt, aber sonst geht es ihm gut."
Nein, völlig undenkbar. Sie beschloss, noch am selben Tag nach Hause zu fahren. Diese Sache musste man von Angesicht zu Angesicht besprechen.
Einem Schlafwandler gleich packte sie ein paar Kleidungsstücke in die kleine Reisetasche und begab sich direkt zum Bahnhof. In der Küche hinterließ sie eine kurze Notiz für Omar und Theodora: „Bin übers Wochenende nach Hause gefahren. Alles in Ordnung! Bis Sonntagabend, have fun, LG, Serafina."

Der hochsommerliche Frühmorgen tat ihr gut. Die Vögel begrüßten den anbrechenden Tag mit dem ihnen eigenen Jubelgezwitscher.
Serafina ging der Refrain des Liedes „Morning has broken, like the first morning" durch den Kopf. Sie fühlte sich ebenfalls wie neu geboren nach dem Erlebten, oder besser, wiedergeboren. Die Erfahrung des gewaltsamen Sterbens hatte sie bis ins Mark erschüttert. Darum tat das warme Sonnenlicht ihrer Seele doppelt gut. Sie schaute einem Kaffeehausbesitzer zu, der gegenüber dem Bahnhof die Tische für den Tag abwischte und die Stühle zurechtrückte. „Wie schön es ist, das Leben, die kleinen Dinge, und wie einzigartig", dachte Serafina entrückt.
Im Zug simste sie ihrer Mutter, dass sie fürs Wochenende auf eine Stippvisite nach Hause käme. Zum Frühstück wäre sie bereits da.
„Was für eine schöne Überraschung! Dann bis sehr bald", schrieb Lea zurück.
Sie hatten sich seit Serafinas Italienurlaub noch nicht wieder gesehen. Im Zug ließ Serafina die Landschaft

an sich vorbeitreiben. Das Grün der Bäume und Wiesen verwischte sich mit dem Blau des Himmels, gleich einer impressionistischen Collage. Alles erschien ihr unwirklich, doch gleichzeitig realer als früher. Ihre Wahrnehmung war so, als wäre ein Teil ihrer selbst noch gar nicht wieder bei ihr angekommen.

Ihre Mutter wartete bereits am Bahnsteig auf sie. Sie umarmten sich und stiegen dann in den klapprigen Peugeot, um nach Hause zu fahren.

Am Frühstückstisch, bei Spiegelei mit Speck und knusprigen Marmeladenbrötchen, schnitt Serafina behutsam den Grund ihres überraschenden Besuches an.

„Mama, erinnerst du dich, dass ich mich seit Gretas Tod mit der Nahtodforschung und der Außerkörperlichkeit beschäftige? Wir hatten letztens darüber gesprochen."

„Oh ja, ich erinnere mich sehr gut! Gibt es Neues zu berichten? Irgendwelche Entdeckungen?"

„Die Sache ist die ... Ich hatte gestern eine ganz sonderbare Begegnung."

„Nun komm schon, mach es nicht so spannend! Heraus mit der Sprache!“, ermutigte Lea ihre Tochter.
„Also, ich bin im außerkörperlichen Raum einem Menschen begegnet, der sagte, er sei mein Vater. Er schien es wirklich zu sein. Dann habe ich die Umstände seines Todes erlebt, es war schrecklich.“ Serafina traten Tränen in die Augen.
Lea saß ihr wie versteinert gegenüber, wachsbleich geworden. Dann schaute sie lange Zeit mit verlorenem Blick aus dem Fenster.
Endlich sprach sie: „Es tut mir leid, Serafina, dass ich dir nicht schon früher mehr von deinem Vater erzählt habe. Dann hätte ich dir diese Erfahrung ersparen können. Es schien mir damals nicht nötig, dich damit zu belasten. Noch dazu, wo du so empfindsam bist.“
„Bitte erzähle mir mehr von ihm“, bat Serafina.
Lea umschloss die warme Teetasse mit beiden Händen. „Dein Vater und ich haben uns in der Uni kennengelernt. Ich war damals so Mitte zwanzig und stand kurz vor dem Studienabschluss. Zoran studierte Medizin. Wir haben uns im Januar 1995 in der Mensa kennengelernt. Ich hatte zu viel auf mein Tablett

geladen, und er hielt mir dann galant die Tür zum zweiten Speisesaal auf. So kamen wir ins Gespräch. Seine Eltern stammten aus dem damaligen Jugoslawien. Er war allerdings in Deutschland geboren und aufgewachsen. Da er die deutsche Staatsbürgerschaft hatte, musste er keinen Wehrdienst in Jugoslawien leisten. Zu seinem Vater hatte er keinen Kontakt mehr. Sie hatten sich wohl nie sonderlich gut verstanden. Er lebte irgendwo in Norddeutschland. Seine Mutter dagegen hatte einen tödlichen Herzinfarkt, als er ein Teenager war. Nach Beginn des Jugoslawienkrieges hatte Zoran sich sehr von der gesamten Jugoslawiengemeinschaft distanziert. Er verabscheute die Radikalisierung, die Fanatiker und Nationalisten. Zoltan war ein überzeugter Pazifist. Gewalt werde immer nur Gewalt säen, und Mord sei nie eine Lösung für Konflikte, sagte er. Er war immer wieder bestürzt, dass im 20. Jahrhundert ein Krieg und noch dazu in Europa überhaupt möglich war. Zoran wollte Kinderarzt werden. Dann, Anfang Mai, beschloss er, für zwei Tage eine betagte Tante in Zagreb zu besuchen, die dort allein lebte, und zu der er zeitlebens ein inniges Verhältnis hatte. Er wollte ihr zwei Koffer voll haltbarer Lebensmittel bringen. Die Stadt war zu der Zeit nicht umkämpft, und das Risiko schien gering. Am 2. Mai passierte das Unfassbare: Die Stadt wurde mit Raketen beschossen, mehrere Menschen starben. Dein Vater war unter ihnen. Er wurde auf dem Rückweg von der Tante tödlich getroffen."

„Das ist ja schrecklich! Er war zur falschen Zeit am falschen Ort! Und wie hast du von seinem Tod erfahren?"

„Ein Bekannter, der wusste, dass wir befreundet waren, überbrachte mir die Nachricht. Zu der Zeit wusste noch nicht einmal ich, dass ich schwanger war. Ich war total fertig, als das noch dazu kam. Diese Monate waren die schlimmsten meines Lebens, ein nicht enden wollender Albtraum. Mit meiner Mutter habe ich dann alles besprochen, als ich im dritten Monat war. Sie hat mir unglaublich geholfen. Ich erinnere mich noch wie gestern, als sie sagte: ‚Wenn du das Kind behalten willst, werde ich dich in allem unterstützen. Dann kannst du die Stelle in der

Bibliothek antreten, die warten ja bereits sehnlichst auf dich.' So kam es dann. Ich habe meine Entscheidung keine Sekunde lang bereut", sagte sie aufrichtig und stand auf, um Serafina liebevoll zu umarmen. „Es tut mir so leid."

„Mir auch", entgegnete Serafina. „Was für ein Unglück. Zoran sagte, er liebe uns beide, es tue ihm unsagbar leid, dass er uns verlassen musste. Er werde immer bei uns sein."

Lea kehrte zu ihrem Stuhl zurück und kramte in ihrer Hosentasche nach einem Taschentuch. Dann weinte sie, worauf Serafina ihrerseits aufsprang, zu ihrer Mutter lief und die Arme um sie legte.

Im Radio erklang eine amerikanische Rockballade: „Don't you cry tonight. There's a heaven above you, baby". Sie wiegten sich sanft zur Musik, während Serafina hinter dem Stuhl stehend ihre Mutter umfangen hielt, und lauschten dann unwillkürlich dem Text. „Niemand kann in Trauer leben, frag all deine Freunde, wenn du jemanden brauchst, wird mein Herz dich nicht verleugnen"; sie blickten sich darauf überrascht an. Ein Zeichen! Nein, Zoran würde sie niemals alleine lassen. Lea trocknete ihre Tränen und lächelte. Im Stillen getröstet, blieben beide noch ein Weilchen am Frühstückstisch sitzen und hingen ihren Gedanken nach.

Dann sagte Lea: „Übrigens, du hast mir noch gar nicht von deinen Italienerlebnissen erzählt! Wie war denn euer Urlaub?“

Worauf Serafina mit Begeisterung alles berichtete, was sie und Elisa erlebt hatten. In aufgeräumter Stimmung verbrachten sie ein heiteres Wochenende zusammen. Serafina hatte sich selten ihrer Mutter so nahe und verbunden gefühlt. Lea zeigte ihrer Tochter am Nachmittag noch die wenigen Fotos, die sie von den kurzen, gemeinsamen Wochen mit Zoran aufbewahrt hatte. Ihr Vater sah genauso aus wie der Mann, dem sie außerhalb von Zeit und Raum begegnet war. Ein mediterraner Typ mit freundlichen braunen Augen und einem verschmitzten Lächeln. Serafina kam dabei wohl mehr auf ihre Großmutter mit ihrem hellen, blonden Kolorit.

Ausgesöhnt mit sich und der Welt fuhr sie am Sonntagabend wieder mit der Bahn nach Marburg. Sie war glücklich.

Die Welt ist eine Bühne

Es waren Semesterferien. Die Universität würde erst wieder am 16. Oktober beginnen. Serafina nutzte die Zeit, um in einem Café zu jobben und einige Texte für das kommende Wintersemester zu lesen. Im Sommer kamen immer viele Touristen nach Marburg. Es war ja auch ein schönes Städtchen, sehr malerisch gelegen mit der historischen Altstadt. Somit hatte Serafina tagsüber reichlich zu tun, doch es machte ihr Spaß. Die Kunden waren meist gut gelaunt da im Urlaub und es gab großzügige Trinkgelder.

Einen Abend traf sie sich mit Elisa auf ein Glas Wein in einem der Studententreffs. Elisa erzählt ihr, dass einer ihrer Bekannten weniger Glück hatte mit seiner Semesterferienstelle.

„Fabian hat einen Job in Berlin angenommen, der an sich ganz reizvoll klang. Web Content Manager. Da dachte er, das hätte irgendetwas mit Informatik zu tun, so wie er mir erzählte. Doch dann stellte sich heraus, dass er sich den ganzen Tag im Internet gepostete Einträge und Videos anschauen musste, um zu entscheiden, welche untragbar waren und gelöscht oder sogar an die Behörden gemeldet werden mussten. Er sagte, es wäre ein absolutes Grauen, was manche Menschen im Netz veröffentlichten, Bilder und Filme voller Gewalt und Perversion, abstoßend und eklig. Nach wenigen Tagen hätte er den Job geschmissen, nachdem er begonnen hatte, unter Albträumen zu leiden, und ihn die Bilder bis in den Schlaf verfolgten“, erzählte Elisa der Freundin.

„Angeblich arbeiten dort viele EU-Bürger aus anderen Ländern, aber auch anerkannte Flüchtlinge, da man nicht unbedingt Deutsch für die Arbeit können musste. Fabian meinte, die Leute täten ihm ehrlich leid, da sie nicht immer die Wahl hätten, einen anderen Job auszuüben. Nun schafft er bei Starbucks. Total schade, dass viele gar nicht wissen, was für eine tolle Sache das Internet ist, und es für derartige Dinge missbrauchen. Und dann müssen arme Leute diesen Unrat der menschlichen Fantasie auch noch ausmisten! Eine Schande“, kommentierte Elisa empört.

Serafina pflichtete ihr bei: „Kein Wunder, dass sich viele Eltern Sorgen machen, wenn ihre Zöglinge im Internet surfen. Andererseits sind wir derart privilegiert, in unseren Breitengraden aufzuwachsen! Ich denke nur an die vergangenen Jahrhunderte, z. B. an Giordano Bruno, ein italienischer Dominikanermönch. Er wurde im Jahr 1600 in Rom verbrannt, weil er unter anderem die Meinung vertrat, dass das Universum grenzenlos sei und keinen bestimmten Sternenkörper als Zentrum besäße. Und all die Bücher, die wir heute lesen können! Vor Kurzem suchte ich die jüdische Kabbala für Studienzwecke und konnte sie mir nichts, dir nichts in weniger als fünf Minuten aus dem Internet herunterladen. Damals musste man dafür Geheimbünden angehören, einer Gruppe Eingeweihter zugehörig sein und riskierte noch ständig dazu, verfolgt, gefoltert oder gar getötet zu werden."

„Apropos Internet und der freie Zugang zu Informationen. Mir ist aufgefallen, dass die Wahrheit in letzter Zeit nicht mehr sehr großgeschrieben wird.

Zu den letzten US-Wahlen habe ich einen Artikel über Trump auf der Webseite PolitiFact gelesen, die nachgezählt hat, wie viele Lügen der derzeitige US-Präsident während des Wahlkampfes verbreitet hat. Dabei untersuchte sie 365 Äußerungen und unterteilten diese in wahr, meistens wahr, halb wahr, falsch, überwiegend falsch oder, wenn es ganz schlimm kam, ‚pants on fire', was so viel heißt wie ‚Hosen in Flammen'. Nun rate mal, wie viele von 365 als Falschaussagen eingestuft wurden. Schieß los, nenn eine Zahl!", forderte Elisa die Freundin auf.

„Na, vielleicht 60?", riet Serafina vorsichtig.

„255!", rief Elisa aufgebracht. „255 von Trumps Stellungnahmen waren nicht wahrheitsgetreu! Und davon waren ganze 63 brennende Hosen, d. h. sozusagen Überlügen! Unglaublich. George Orwells Roman 1984 findet derzeit auch wieder reißenden Absatz. In einer Zeit der alternativen Fakten wird sein Werk plötzlich wieder ganz überraschend top aktuell."

„Wirklich, in was für einem eigenartigen Jahrzehnt wir doch leben. Schaut man in Richtung Türkei, wird einem auch nicht unbedingt leicht ums Herz. All die unschuldigen Menschen, die dort verhaftet wurden", fügte Serafina gedrückt hinzu.

Beide Freundinnen schauten betroffen, als Omar vorbeikam.

„Was ist denn mit euch passiert? Ist euch eine Laus über die Leber gelaufen?", fragte er die beiden, als er ihre langen Gesichter sah.

„Nein, wir grämen uns nur gerade über den Lauf der Welt", entgegnete Serafina.

„Na dann, wenn's weiter nichts ist!", lachte er ironisch. „Komm, setz dich zu uns", sagte Elisa, und machte Platz auf der Holzbank vor dem Café.

„Was trinkst du? Ein Glas Prosecco? Der ist sehr gut", fragte Elisa.

„Nein, ich nehme lieber ein Weißbier, es ist mir zu warm für Sekt", antwortete Omar.

Sie bestellten.

„Apropos Lauf der Welt", schnitt Serafina das Thema noch einmal an. „Ich bereite mich auf ein Seminar des Wintersemesters vor. Es heißt ‚Der Sinn des Lebens aus philosophischer Sicht'. Könnt ihr mir dazu vielleicht ein paar Anregungen geben? Ich weiß nicht recht, wo ich ansetzen soll."

„Hm, schwierig." Beide dachten angestrengt nach.

„Also von meiner Warte würde ich auf Shakespeare zurückgreifen. ‚Die ganze Welt ist eine Bühne, und alle Fraun und Männer bloße Spieler, sie treten auf und geben wieder ab, sein Leben lang spielt einer manche Rollen durch sieben Akte hin'. D. h., wir wählen, was uns genehm ist, und füllen den Zeitraum zwischen Geburt und Tod mit allerlei Kurzweil", proklamierte Elisa mit gespieltem Ernst.

„Ich denke eher, dass das Universum oder der Schöpfer, nennt es, wie ihr wollt, Geschichten liebt. Und deshalb werden wir alle losgeschickt, um Geschichten zu erleben. Bei unserer Rückkehr erfreut sich der Meister dann an unseren Anekdoten, schafft Verbindungen und Parallelen, neue Rollen und Kostüme. Ein Mordsspaß!", erklärte Omar. „Und wenn man die Quantenmechanik mit dazunimmt, dann läuft das Ganze auch noch parallel und gleichzeitig auf verschiedenen Raum- und Zeitebenen

ab. Ich sage euch, das ist die Supergaudi schlechthin!“, sagte Omar begeistert.
„Nee, echt, meinst du das jetzt ernst?“, fragte Elisa zu ihm gewandt.
„Ja, also halb ernst auf jeden Fall. Aus Spaß wurde Ernst, Ernst ist heute fünf Jahre alt“, ergänzte er grinsend.
„Mit dir kann man heute Abend auch kein vernünftiges Gespräch mehr führen.“ Elisa lachte und schüttelte den Kopf.
„Tut mir leid, Serafina. Irgendwie sind wir nicht wirklich produktiv. Es muss die Sommernacht sein. Ich trinke noch ein Gläschen und dann mach ich Schluss für heute“, fügte sie hinzu.
Aus dem Gläschen wurden letztlich noch zwei, und gegen Mitternacht machten sich die drei Freunde gut gelaunt auf den Nachhauseweg.
Omar und Serafina begleiteten Elisa bis zum Wohnheim und gingen dann ebenfalls nach Hause. Serafina begann um sieben Uhr dreißig ihren Dienst im Café. Mit Grausen dachte sie an ihren Wecker, der sie um halb sechs aus dem Schlaf reißen würde.

Das Wiedersehen

Es war Anfang September. Die Tage waren noch sehr warm, doch lag bereits eine erste Ahnung von Herbst in der Luft. Die morgendlichen Wiesen schmückten sich mit funkelnden Perlen aus Tau, feuchte Frühnebelschwaden streckten sich in den Tälern, bis sie von der anbrechenden Sonne vertrieben wurden. Die würzige Morgenluft roch nach Moos und Pilzen. Serafina machte mit ihrer Mutter lange Wanderungen in den Wäldern, wann immer sie eine Gelegenheit hatte, ein Wochenende zu Hause zu verbringen. Dabei dachte sie immer wieder an Greta, und ihr Wunsch, die Freundin wiederzusehen wuchs ins Unermessliche. Vor allem die Erinnerungen an ihre gemeinsame Kindheit wurden ihr bei ihren Heimatbesuchen schmerzlich bewusst. Sie sah die Bushaltestelle, an der sie bei schlechtem Wetter immer gemeinsam auf den Schulbus gewartet hatten, den Bäcker, wo sie sich häufig etwas zum Naschen gekauft hatten, und auch den Weg entlang des kleinen Waldes und der Wiesen, den sie zusammen so häufig

entlang gelaufen waren während sie angeregt über die Schule, Freunde und Bücher sprachen.
Deshalb unternahm sie während einer dieser Aufenthalte neuerlich eine außerkörperliche Expedition mit der festen Absicht, diesmal Greta zu begegnen. Wie gehabt durchlief sie die Vorbereitungsphasen, entspannte ihren Körper tief und trat daraufhin ihre Reise an.
Diesmal traf sie auf keinerlei Hindernisse und fand sich wieder in einer abermals andersartigen Umgebung. Sie stand an einem langen weißen Sandstrand, der unterbrochen wurde von Meeresarmen in unterschiedlichen Farbschattierungen, teils hellgrün, teils dunkelblau. In ihnen spiegelte sich eine warme, orangerote Nachmittagssonne. Zwischen ihren Zehen verspürte Serafina das Gefühl von weichem, warmem Sand. Das Rauschen der Brandung und salzige Gischt hingen in der Luft.
Plötzlich konnte sie an der Meereskante eine Figur ausmachen, die sich eilig in ihre Richtung bewegte. Serafina hielt den Atem an. Sie kniff die Augen

gespannt zusammen, um besser in die Ferne sehen zu können. Beim Näherkommen konnte sie unbändige schwarze Locken erkennen. Freudentränen traten ihr in die Augen. Es war Greta!

Mit einem Jubelschrei warf sie sich ihr ungestüm entgegen. Da sie die außerkörperliche Fortbewegung noch nicht wirklich im Griff hatte, prallte sie mit Greta zusammen. Sich in die Arme fallend, stürzten beide zu Boden und rollten ausgelassen lachend im Sand.

Als sie wieder zu Atem gekommen waren, standen sie auf und klopften sich gegenseitig den Staub von der Kleidung.

„Mensch, Greta, da bist du! Endlich. Ich bin so glücklich“, sagte Serafina, nach Fassung ringend. Sie schaute die Freundin genau an. Ja, sie war es, jung und strahlend wie eh. Ihre Haut schien zu schimmern, und Freude umgab sie wie eine pulsierende Aura.

„Serafina, wie wunderbar, dich endlich wiederzusehen. Du hast meine SMS bekommen, nicht wahr?“

„Aber sicher!“, Serafina lachte über beide Ohren. Greta war wirklich ganz die Alte.

„Es war zu Beginn nicht einfach, mich zurechtzufinden. Alles war so fremdartig. Irgendwie war mir auch gar nicht ganz klar, was passiert war, ob ich überhaupt noch lebte. Zum Glück haben mir andere bereits Angekommene geholfen, mich einzufinden. Rückblickend hätte ich mich vielleicht schon früher einmal mit dem Tod und dem Jenseits beschäftigen sollen, aber wer denkt schon daran, zu sterben! Noch dazu in meinem Alter. Und dann war ich am Ende der Krankheit einfach zu geschwächt, um überhaupt noch etwas zu tun. Deshalb hat es auch einen Moment gedauert, bis ich heraushatte, wie ich dir von hier eine Nachricht senden konnte. Ich spürte deinen Schmerz, euer aller Schmerz, ich war sehr unglücklich deswegen.“

„Wie geht es dir jetzt? Leander, ein Freund, erzählte mir, du kümmerst dich um Neuankömmlinge?“, fragte Serafina.

„Ja, das ist richtig. Es gibt so eine Art Aufnahmestation für die völlig Orientierungslosen. Es macht mir viel Freude.

Später habe ich vor, mich den Seelen in der Zwischenwelt zu widmen. Das sind die, die dem Irdischen sehr stark verhaftet geblieben sind und sich nicht lösen können. Es gibt da einige hoch entwickelte Helfer, die versuchen, die Menschen aus dieser Lage zu befreien, indem sie ihr Energieniveau anheben. Doch genug geredet! Erzähle mir von dir! Es ist so schön, dich zu sehen." Sie ergriff erneut Serafinas Hände.

„Also die ersten Monate nach deinem ... Tod waren total schlimm. Ich war wie betäubt, konnte gar nichts fühlen. Darauf kam der Schmerz, geistig und körperlich. Ich habe sechs Kilo abgenommen, einfach so! Der Schock war zu groß, zu plötzlich. Es hat uns alle getroffen wie ein Hammerschlag. Doch dann, nach deiner Nachricht und dem Beginn meiner Suche, bekam alles irgendwie wieder einen Sinn. Langsam wurden mir die Dinge klarer."

„Ich weiß. Hier auf dieser Ebene bekommen wir die Gefühle der Unterwelt, entschuldige, ich meine das jetzt im übertragenen Sinne“, sagte sie lachend ob ihres Ausrutschers. „Ich meine, wir spüren die Gefühle und das Leid der Hinterbliebenen. Es gibt manche, vor allem Kinder, die sind wie gelähmt durch den Schmerz ihrer Eltern und können häufig für lange Zeit nirgendwohin, einfach, weil die Trauer der Familie sie festhält und an sie bindet.“

„Oh ja, ich erinnere mich, das sagte auch der Dalai Lama bei einer öffentlichen Veranstaltung, die ich vor Kurzem besucht habe. Da fragten ihn Zuschauer aus dem Publikum, wie man mit dem Tod eines Kindes umgehen solle. Und er antwortete, das sei eine ganz schwere Erfahrung. Das verstorbene Kind sei weiterhin mit den Eltern verbunden und würde mit ihnen leiden, in einem Kreislauf aus Schmerz und Verlust“, erwiderte Serafina. „Nach einer Zeit der Trauer solle man daher das Kind in Liebe gehen lassen und dankbar sein für die schönen gemeinsamen Momente.“

„Apropos, Fina, ich hätte da eine ganz große Bitte an dich. Seit meinem Weggang von der Erde geht es meiner Familie gar nicht gut. Ich weiß nicht, ob du sie noch einmal besucht hast. Nein? Wie ich so mitbekomme, lastet der Verlust schwer auf ihnen, zu schwer. Meine Eltern sprechen kaum noch miteinander und schlafen in getrennten Zimmern, sie kümmern sich unzureichend um meinen Bruder Phil, der in der letzten Zeit häufig schlechten Umgang in der Schule hat, und meine Mutter bricht bei jeder Kleinigkeit in Tränen aus. Wir müssen etwas unternehmen, um ihnen zu zeigen, dass es mir gut geht und dass wir uns, wenn die Zeit kommt, wiedersehen werden."
„Oh je, das tut mir schrecklich leid. Nein, ich habe sie noch nicht wieder besucht. Ich glaube, wir hatten alle Angst vor einer Begegnung, die schmerzhafte Erinnerungen an deine Abwesenheit wachgerufen hätte. Was schlägst du vor?"
„Bald naht mein Geburtstag, und vielleicht könntest du aus diesem Anlass bei ihnen vorbeigehen. Du könntest sagen, dass ich dir im Traum erschienen sei.

Ich weiß nicht, ob sie das mit der Außerkörperlichkeit so akzeptieren würden. Sie sind sehr rationell. Ein Traum klingt vielleicht plausibler in ihren Ohren. Ich gebe dir eine Information mit, die nur meine Eltern kennen können und kein Außenstehender."

„Das scheint mir ein guter Plan. Was wäre das für eine Botschaft?"

„Es ist wirklich streng vertraulich. Meine Mutter war nach meiner Geburt noch einmal schwanger, erlitt aber kurz vor dem neunten Monat eine Fehlgeburt. Ich bin meiner Beinahe-Schwester Klara hier begegnet, sie ist zauberhaft. Bitte richte meinen Eltern aus, dass es Klara gut geht und sie all ihre Liebe sendet. Sage ihnen, es war nicht Schuld meiner Eltern, sondern Klaras Entscheidung, kein Erdenleben mehr zu beginnen, da sie aufgrund eines schweren Herzfehlers nicht lange gelebt hätte. Klara wollte ihnen dieses Leid ersparen. Meine Eltern wussten von dem Herzfehler, da sie nach der Fehlgeburt eine Obduktion haben machen lassen. Sonst weiß aber niemand davon, zumindest nicht dort, wo sie nun leben. Auch ich wusste nichts davon, da ich damals noch ein Säugling war."

„War dies der Grund, weshalb ihr damals in unseren Ort gezogen seid, aus der Stadt, die so viel mehr zu bieten hatte?"

„Ja, meine Eltern wollten einen Neuanfang machen, irgendwo, wo niemand die Familiengeschichte kannte."

„Das tut mir so leid! Dann muss ja dein Tod ein noch viel qualvolleres Ereignis für sie gewesen sein, als ich bisher annahm!"

„Ja, sicherlich. Deshalb ist mir diese Nachricht so wichtig. Was hältst du von der Idee? Meinst du, es könnte klappen?"

„Ja, ich denke schon. Wir müssen es auf jeden Fall versuchen."

„Kannst du ihnen ausrichten, dass ich die glückliche Zeit mit ihnen geliebt habe und ihnen sehr dankbar dafür bin? Und dass sie wieder miteinander reden und lachen sollen, so wie früher? Auch mit Phil, den sie vernachlässigt haben und der mehr Zuwendung braucht?"

„Aber sicher, das mache ich natürlich gerne. Ich hoffe, alles wird dann wieder gut.“

„Bitte, Greta, erzähle mir noch, was passiert, wenn man diese Ebene verlässt, bevor ich gehe. Ich habe Leander noch nicht wieder getroffen, sonst hätte ich ihn gefragt.“

„Ehrlich gesagt habe ich auch nicht alle Antworten. Ich weiß nur, dass die Möglichkeit besteht, nach dieser Ebene, die von den vorherrschenden Gedanken der hier Weilenden gestaltet wird, andere, formfreie Sphären zu besuchen. Letztlich können wir eingehen in ein urschöpferisches Licht, eine Art Quelle oder siebter Himmel, wie manch einer auf der Erde es bezeichnet. Wie genau das funktioniert, ist mir allerdings im Moment noch unklar. Auf jeden Fall gibt es unzählige Seinsebenen, so viele wie Galaxien im Weltraum, die man erforschen könnte, alle unterschiedlich und aufregend. Mit Sicherheit wird einem alle Zeit der Ewigkeit nicht lange in diesem Zustand!“, lachte Greta frohgemut.

„Ich muss nun langsam wieder zurück. Wir hören voneinander, auf die eine oder andere Art, besonders auch für unseren Geheimplan“, sagte sie und zwinkerte verschwörerisch. Daraufhin verabschiedete sie sich und verschwand.

Serafina kehrte in ihren schlafenden Körper zurück. Gretas Geburtstag war in einem knappen Monat und fiel auf einen Sonntag, wie sie aus ihrem Kalender ersah. Sie lag noch lange wach und malte sich aus, wie sie vorgehen würde. Am besten meldete sie ihren Besuch bei Familie Wunderlich an, um sicherzugehen, dass jemand zu Hause war. Außerdem wollte sie ein Geschenk mitnehmen, und zwar einen Strauß weißer Lilien, Gretas Lieblingsblumen. Zuversichtlich schlief sie endlich mit einem Lächeln auf dem Gesicht ein. Ihr letzter Gedanke galt Greta und ihrem heiteren Gesichtsausdruck. Wie schön, dass sie lebte.

Die Botschaft

Die Wochen bis zu Gretas Geburtstag waren gefüllt mit geschäftiger Betriebsamkeit. Serafina hatte sich vorgenommen, ihr Zimmer in der WG neu zu streichen, und alle ihre Habseligkeiten in die Wohnküche verfrachtet. Theodora ging ihr bei den Renovierungsarbeiten zur Hand. Omar war wieder einmal unterwegs als Tauchlehrer an irgendwelchen Traumstränden – ab und zu setzte er Fotos in Facebook, worauf sie ihm Ansichten des derzeitigen Chaos in der WG zusandten mit dem Kommentar: Wir sind dabei, deine Möbel, Skateboard und Küchenkräutersammlung auf eBay zu verscherbeln. Mit dem Erlös planen wir eine Reise zu den Seychellen, gefolgt von einem Smiley.

Als Farbe hatte Serafina ein lichtes Hellgelb gewählt, da das ursprüngliche Weiß, das über die Jahre einen Graustich angenommen hatte, ihr zu steril erschien, und obendrein unwillkommene Erinnerungen an ein Krankenhaus aufkommen ließ.

Die Tage vergingen wie im Flug. Als Serafina im Eifer des Gefechts allerdings vorschlug, auch noch die Wohnküche neu zu streichen, legte Theodora Widerspruch ein. Schließlich würden sie nicht auf ewig in der Wohnung wohnen.

Der 1. Oktober nahte. Serafina wollte ihre Mutter besuchen und am Sonntagnachmittag bei Familie Wunderlich vorbeischauen. Eine Woche vorher schrieb sie Mira, Gretas Mutter eine E-Mail.

„Liebe Mira, es tut mir leid, dass ich so lange nichts von mir habe hören lassen. Da ich kommendes Wochenende meine Mutter besuchen werde, wollte ich fragen, ob ich am Sonntag kurz bei euch vorbeikommen könnte. Ich möchte gerne etwas abgeben. Wenn es euch recht ist, könnte ich am Nachmittag vorbeischauen. Herzliche Grüße, auch an Theo und Phil, Serafina." Sie las die Nachricht noch einmal durch und klickten dann auf Versenden.

Noch am selben Abend erhielt sie eine positive Antwort. Mira schrieb, sie freue sich auf ihren Besuch und sei herzlich am Sonntag um fünfzehn Uhr zum Kaffeekränzchen eingeladen.

Serafina hatte vor, neben den Lilien noch ein Buch zu verschenken, das sie auf der Bestsellerliste gesehen hatte. Es handelte von den Nahtoderfahrungen eines amerikanischen Neurochirurgen namens Eben Alexander und las sich sehr spannend, auch für jemanden, der sich nicht unbedingt für das Thema interessierte. Außerdem dachte sie, dass Gretas Eltern als Kopfmenschen den Erfahrungen eines Wissenschaftlers gegenüber eher aufgeschlossen wären als denen eines Mystikers.

Am Sonntagnachmittag stand Serafina kurz nach fünfzehn Uhr vor dem Reihenhaus der Wunderlichs. Sie drückte auf den Klingelknopf und atmete noch einmal tief durch.

„Liebe Greta, hoffentlich gelingt es", dachte sie, bevor Mira die Tür öffnete.

„Hallo Serafina, wie schön, dich zu sehen. Komm doch herein", sagte Mira freundlich und umarmte Serafina zur Begrüßung.

„Vielen Dank für die Einladung. Es freut mich auch sehr, dich wiederzusehen", antwortete Serafina. Sie

überreichte die Blumen und das in Geschenkpapier verpackte Buch.
„Oh, ich danke dir! Das wäre doch nicht nötig gewesen. Und die schönen Lilien, Gretas Lieblingsblumen.“ Ein Schatten huschte über ihr Gesicht, als sie den Namen der Tochter aussprach. Mira sah müde und abgespannt aus, und Serafina ahnte, dass sie wirklich noch nicht wieder ganz auf dem Damm war.
Im Wohnzimmer traf sie auf Theo, der von der Couch aufstand und ihr herzlich die Hand drückte.
„Es freut mich wirklich, dich zu sehen, nach all der Zeit. Wie geht es deiner Mutter? Und wie läuft dein Studium? Aber bitte, nimm doch Platz“, er zeigte auf einen der Sofasessel, in den sich Serafina hineinplumpsen ließ. In dem anderen schlief, sich wohlig räkelnd und schnurrend, Pünktchen, die Siamkatze der Wunderlichs.
Mira bot ihr daraufhin Kaffee und selbstgebackenen Apfelkuchen an, den sie dankend annahm. Dann unterhielten sie sich kaffeetrinkend und kuchenessend ein Weilchen über dieses und jenes.

„Phil ist heute nicht da?“, erkundigte sich Serafina nach Gretas Bruder.
„Nein, er hat ein Fußballturnier. Da er der Stürmer ist, konnte er nicht fehlen. Er kommt vielleicht später noch dazu“, erklärte Mira.
Dann schien Serafina der richtige Moment gekommen, um mit dem wahren Grund ihres Besuches herauszurücken.
„Wisst ihr, das Motiv meines heutigen Besuches ist ein ganz besonderes. Hm“, sie räusperte sich umständlich und schaute in die gespannten Gesichter von Theo und Mira. Dann fasste sie sich ein Herz.
„Vor wenigen Wochen hatte ich einen ungewöhnlichen Traum. Er war sehr intensiv, und er erschien mir viel realer als sonstige Träume. Also, in dem Traum bin ich Greta begegnet. Sie hatte eine wichtige Botschaft an euch.“ Serafina schwieg ein paar Sekunden. Dann fuhr sie fort.
„Sie möchte euch ausrichten, dass es ihr dort, wo sie jetzt ist, gut geht. Sie ist euch dankbar für die wunderbaren Jahre, die ihr zusammen verbracht habt, und sagte, wenn die Zeit komme, würdet ihr euch

wieder in die Arme schließen. Sie machte sich Sorgen, da ihr so sehr unter ihrem Weggang leidet, und bat mich, euch auszurichten, wieder füreinander da zu sein, wie damals, und dass der Schmerz euch nicht trennen soll. Vor allem Phil braucht eure Unterstützung. Er macht Schweres durch“, schloss Serafina und holte tief Luft.

Gretas Eltern sahen sie ungläubig an. Nach einigen Minuten sagte Theo: „Das ... ist sehr nett von dir, und wir schätzen deine Fürsorge. Doch letztendlich war es ... doch nur ein Traum, Gaukelwerk des Geistes.“ Er seufzte schwer. Mira starrte auf den Apfelkuchen.

Serafina hatte sich gedanklich auf ihre Antwort vorbereitet.

„Ja, das dachte ich auch im ersten Moment. Doch dann bat mich Greta, euch eine Nachricht zu übermitteln, deren Inhalt nur ihr kennt.“

Beide blickten sie überrascht an. Neugierig geworden, fragte Mira: „Und was wäre das für eine Botschaft?“

„Greta sagte, sie sei dort, wo sie nun ist, ihrer ungeborenen Schwester begegnet. Auch Klara ginge es gut. Ihr angeborener Herzfehler sei völlig geheilt, und sie sagte, sie habe euch lieb."

In eben diesem Moment fiel ein lichter Sonnenstrahl auf ein Jugendfoto Gretas, das auf der Anrichte dem Fenster schräg gegenüberstand. Ihr strahlendes Lächeln auf dem Bild erschien nun noch leuchtender. Plötzlich sprang Pünktchen auf das Fenstersims, um einen vermeintlichen Spatzen zu erhaschen der auf der Fensterbank nach Körnern pickte. Dabei fiel polternd ein Buch zu Boden das auf dem Sims gelegen hatte. Theo stand auf, um es aufzuheben. Dabei fiel sein Blick zufällig auf die geöffnete Seite und er las schweigend.

„Gegen den Tod brauche ich keine Waffen, weil es keinen Tod gibt. Es gibt aber eines: Angst vor dem Tode. Die kann man heilen ..."

Serafina konnte dabei nur einen Blick auf den Buchumschlag erhaschen und las „Klingsors letzter Sommer" von Herman Hesse. Völlig entgeistert drehte Theo sich um und zeigte die Zeilen seiner Frau. Sie überflog sie und schlug die Hände vor den Augen zusammen, um die aufkommenden Tränen zu

verbergen, worauf Theo tröstend seinen Arm um Miras Schulter legte.
Zu Serafina gewandt, sagte er: „Ich weiß nicht, was ich denken soll. Dies alles klingt so unglaublich. Eigentlich gibt es so etwas doch gar nicht. Andererseits habe ich jedoch das Gefühl, dass deine Worte wahr sind. Hat Greta sonst noch etwas gesagt?“
Serafina überlegte fieberhaft, was sie noch erzählen sollte. Doch dann zügelte sie ihren Wunsch, mit der ganzen Wahrheit herauszurücken. Es wäre doch zu viel gewesen, alles auf einmal zu berichten, noch dazu, wo ihre außerkörperlichen Entdeckungsreisen nicht allen Menschen als möglich oder plausibel erschienen. Darum fügte sie nur hinzu, dass Greta wirklich wohlauf sei und sie gesagt habe, dass es den Tod, so wie wir ihn uns vorstellen, als Ende jeglicher Existenz, nicht gebe.
Mira lächelte nun. „Ich glaube dir. Mehr als Glauben kann ich deinen Worten nicht schenken. Ich fühle mich allerdings auf sonderbare Weise getröstet, und das scheint mir bereits ein gutes Zeichen.“

Sie nahm die Hand ihres Mannes.
„Und es ist wahr, wir haben uns alle drei voneinander entfernt in unserer Trauer. Greta wäre darüber sicherlich sehr betrübt. Serafina, bitte lasse uns wissen, falls du noch einmal von Greta träumen solltest! Ich vertraue dir."
Serafina spürte, dass es Zeit wurde, zu gehen, um den beiden Gelegenheit zu geben, allein zu sein und über das Erlebte zu sprechen. Sie verabschiedete sich diskret und richtete noch viele Grüße aus an Phil. Sie versprach, sich wieder zu melden.
Auf dem Nachhauseweg blickte sie gen Himmel und dachte schmunzelnd an Greta.
„Wirklich, diese Special Effects sind dir super gut gelungen. Ich wüsste nur zu gerne, welche Textpassage die beiden in Hermann Hesses Werk gelesen haben. Nun, ich werde es mir einmal ausleihen. Mit ein bisschen Glück finde ich vielleicht den Abschnitt."

Epilog

Die letzten Monate des Jahres vergingen in Windeseile. Serafina war vollauf beschäftigt mit ihrem Philosophiestudium, das ihr immer neue Einsichten gewährte in unterschiedliche Aspekte des Denkens und Verstehens. Sie fand heraus, dass Pythagoras sich angeblich an vier vorherige Erdenleben erinnerte, die seinem damaligen im antiken Griechenland vorausgegangen waren. Sie nahm sich vor, ihre Abschlussarbeit über die Gedanken der Philosophen zu Leben und Tod zu schreiben, nun, da sie entdeckt hatte, dass sich doch mehr als einer dieser Freunde der Weisheit mit dem Thema beschäftigt hatte.

Weihnachten verbrachte sie wie immer zusammen mit ihrer Mutter und ein paar Familienfreunden. Am zweiten Weihnachtstag waren sie beide bei Familie Wunderlich eingeladen. Serafina stellte bei dieser Gelegenheit erfreut fest, dass es Gretas Familie sichtlich besser ging. Mira und Theo fragten nach

ihrer Tochter, doch Serafina konnte wahrheitsgemäß keine weiteren Botschaften übermitteln.
Ihre außerkörperlichen Explorationen hatte Serafina erst einmal auf Eis gelegt, beschäftigt wie sie war mit ihrem irdischen Dasein. Dafür hatte sie Orlando in letzter Zeit öfter gesehen und ihn auch einmal in Gießen besucht. Sie hatten über Gott und die Welt geplaudert und sich ausgesprochen gut verstanden. Wer weiß, vielleicht würde aus dem zarten Pflänzchen der Zuneigung noch ein kräftiger Baum heranwachsen!
Am 25. Februar näherte sich Gretas Todestag.
Die engsten Freunde und Familienmitglieder hatten beschlossen, sich am Vormittag unter der Buche zu treffen, wo Gretas Asche beerdigt lag. In stiller Andacht standen sie unter den noch kahlen Ästen und dachten an die Fortgegangene und das vergangene, bittere Jahr. Eine Amsel saß direkt über ihnen auf dem untersten Ast des stattlichen Laubbaumes und schaute neugierig den schweigsamen, ernsten Menschen bei ihrem Treiben zu. Dann stimmte sie unvermittelt einen melodischen, jubilierenden Gesang

an. Alle blickten auf und mussten alsdann lächeln. Bald wurde es wieder Frühling.

Printed in Germany
by Amazon Distribution
GmbH, Leipzig

30491934R00103